城市·时尚与视觉符码

英伦风格

CITY & STYLE

郭幸　著

合肥工业大学出版社

图书在版编目（CIP）数据

英伦风格：城市、时尚与视觉符码/郭幸著. —合肥：合肥工业大学出版社，2018.12
ISBN 978-7-5650-4306-2

Ⅰ.①英… Ⅱ.①郭… Ⅲ.①文化产业-研究-伦敦 Ⅳ.①G156.14

中国版本图书馆CIP数据核字（2018）第277001号

英伦风格：城市、时尚与视觉符码

郭 幸 著　　　　责任编辑 朱移山

出 版	合肥工业大学出版社	版 次	2018年12月第1版
地 址	合肥市屯溪路193号	印 次	2019年8月第1次印刷
邮 编	230009	开 本	710毫米×1010毫米 1/16
电 话	人文编辑部：0551-62903310	印 张	19.25
	市场营销部：0551-62903198	字 数	350千字
网 址	www.hfutpress.com.cn	印 刷	安徽联众印刷有限公司
E-mail	hfutpress@.com	发 行	全国新华书店

ISBN 978-7-5650-4306-2　　　　定价：58.00元

CONTENT

"When a man is tired of London, he is tired of life, for there is in London all that life can afford." — Samuel Johnson

前 言

翻开任何一本关于伦敦的传记或形象宣传，作者总是会引用18世纪的英国作家、诗人塞缪尔·约翰逊的那句名言："如果你厌倦了伦敦，你就厌倦了人生。因为生活所能给你的一切，伦敦都有。"

当作者写下这句话的时候，英国刚刚兴起工业革命，正在经历现代性的转型。那时的伦敦刚刚兴起俱乐部、咖啡馆与报刊，启蒙运动的思想与工业革命的色彩使社会变得世俗化与商业化。那时的伦敦还没有巴黎时尚，也没有意大利那种从骨髓里散发的艺术氛围。那时的伦敦还在由贵族引领着社会潮流，资产阶级群体正在日益壮大。与今日的伦敦不同，那时它还不"酷"，没有文化创意产业，也没有街头时尚。但，那时的伦敦已经有了生活所能给你的一切。19世纪早期，随着国家博物馆、大英博物馆、伦敦大学、剧院与绅士俱乐部的建立，伦敦经历了变形并首次成为公众城市，而且是全世界第一个独具特色的城市。第二次世界大战之后，大英帝国逐步瓦解，伦敦竞争力日益下降。在城市的变迁与产业结构转型中，伦敦吸纳了历次产业革命的最新成果，再次转变为"年轻的城市"，在国际大都市的位次竞争中始终处于领先地位。几百年来，这座城市经历了巨大的变化，而唯一不变的，或许就是由它的丰富层次与无限包容所带来的独特性格。

城市是有灵魂的，萍水相逢或身处其中，期待与感触都会不同。我们和这些城市产生联系，与它们对话，在此发生故事。离开伦敦之后，我常常把这座城市比作自己的"前男友"，经历了和它的一场爱恋之后，自己仿佛脱胎换骨般获得了重生。这种心生向往的情绪，其实在我选择来到这里读书时就显而易见了，在未曾谋面的时候，凭着对它道听途说的浅显印象，就打定了主意，一门心思、斩钉截铁地要来到这座城市。

初到伦敦时，那时我什么都不懂，却看什么都是美的。在那些破旧拥挤的地铁通道里，总会有些衣着褴褛的流浪艺人弹着吉他，奏着竖琴，敲着电子鼓，唱着流行歌曲，也有人会唱美声甚至歌剧。他们的状态放松自在又投入陶醉，与行色匆匆的过客形成了强烈的反差。那些萦绕在地铁和街道的声音，使我最初感受到这个城市的激情与浪漫。有次在 Canary Wharf 的站台，有一个推着婴儿车的青年男子，穿着红色休闲 T 恤，走到我身边，说："我只是想来告诉你，你很美。"说完他便离去了，没有丝毫的无礼和冒犯，也没有任何留下联系方式的意图。我想起了 James Blunt 的那首"You are beautiful"，多英伦呀。

许多来旅行的中国人并不喜欢伦敦。伦敦给人的第一印象不算友好。它淡然得像是一个沉闷而古板的绅士，洗尽铅华。慕名而来的旅游者总是有些失望地离去，生活在这里的人们却总能发掘出隐秘的角落和源源不断的惊喜。懂得它的人，在这里居住再久都不会感到厌倦。你永远不知道下一秒钟会发生什么，在不经意之间会遇见谁。这是一座鱼龙混杂的国际化大都市，同时又散发着它自身的性格与骄傲。身处这样的城市，我总觉得世界离自己很近。

关于这座城市的性格，你只要到街上看看大家的穿着就可以猜出大概了。纤瘦的年轻女孩们装扮朋克帅气，以铆钉装饰短款皮夹克与短靴，被人们形容为“黑色哥特”。丰满些的女孩们时常穿着明艳，雏菊花样的棉布上衣配上挑染成宝石蓝色的头发，散发出古着的气息。有人形容她们为故作快乐的嬉皮士，不过谁在意呢。年轻的男生皮肤细嫩，发型考究，时常让人难以分辨出他们是同性恋还是直男。找不到年代的头绪么？对，这就是英伦时尚。这座古老沉闷的城市出人意料地在 20 世纪 50 年代掀起了风靡世界的迷你裙风潮，颠覆了人们对它的刻板印象。当大名鼎鼎的法国时装设计大师伊夫·圣罗兰和库雷热在 20 世纪 60 年代推出年轻女孩的装扮时，伦敦早已有不少年轻的设计师尝试过了。年轻的女设计师们将男朋友的夹克衫轻轻一改，便能在店铺中大卖特卖。曾经肮脏破旧的小巷一度成为新一代设计师们的根据地，而在几十年后的今天却演变成了旅游者观光的繁华地带。高街品牌的商店纷纷拥入这些街道，也有些店铺专门出售旅游纪念品。

在伦敦生活一年以后，在我以为自己很了解它的时候，我迷路了。那年伦敦下第一场雪，夜幕来临之际，我从唐人街走回考文特花园的住所。在那短暂的路途中，我不知不觉地走失了方向。我看着雪中的街道与灯光，看那店铺迎接圣诞所做的精美糕点，路途中迎面飘来一股“mulled wine”的味道，第一次觉得迷路也是好的。

CITY & STYLE

岛 / 壹

BRITISH MIRACLE

不列颠的奇迹

我曾经为伦敦的包容性所震撼。它是保守与叛逆的两个极端，自成一格。探究其历史根源，是否因为它曾经一无所有，所以能够包容一切？

◆ 英吉利海峡与“大伦敦”，摄于 2017 年 7 月

British Miracle：不列颠的奇迹

英国，这片与欧洲大陆隔绝的岛国，在人类文明的历史上经历了长期的荒蛮。直到公元 1 世纪，罗马军团的军事征服给英国带来了文明。英国唯一被列入世界遗产的城市巴斯正是罗马人度假和泡温泉的地方，因此它的名字叫做“Bath”，洗澡的意思。随着基督教的到来，这座岛屿再次与欧洲大陆的文明产生了关联，并逐渐发展成为封建社会。在英法百年大战中，英吉利成为民族，英国成为民族国家。随后，这个冷峻的小岛一步一步地变成了全世界最富饶的帝国领土。英国早期的社会跟随着欧洲大局而变异，文化与艺术上亦无独到之处。它于 14 世纪农奴制解体，15 世纪文艺复兴，16 世纪实行宗教改革，17 世纪发生政治革命。自从 1688 年光荣革命后，英国形成了宽松的社会氛围，它的幸运开始凸显出来。这座孤岛的地理位置为其提供了四通八达的海上交通，使之得以拓展海外贸易；又有得天独厚的矿产资源，煤矿存储丰富；18 世纪，英国掀起了工业革命，成为走进现代社会的第一个国家；19 世纪中叶，英国完成大国崛起的历程，成为世界霸主，并开始引领国际潮流。尽管在第二次世界大战后英国从世界帝国的顶峰跌落下来，令人惊叹的是，它在去掉帝国光环之后，化身为全球创意产业的发祥地，从“大不列颠”成功转型为“酷不列颠”。今天，伦敦是世界四大时尚之都中最具有创新力量的城市。

不列颠的奇迹不仅来自幸运，也源自它独特的文化模式与政治智慧。它对于历史潮流顺势而为，以和平、渐进、改革的方式稳健发展，当法国国王路易十六与他的末代艳后玛丽·安托瓦内特被送上断头台时，英国却逐渐稳固了君主立宪制，经历了王权削弱、权力逐渐下移的过程，并于维多利亚时期完成了君主向“虚君”地位的转变。直到今天，英国的女王依然是英国精神的象征与归属，英国的王室成员依然在引领时尚潮流，担当着英国制造与时尚品牌的绝佳代言人。

英国人具有岛民的孤傲，给人的整体印象通常是保守、刻板、内敛的。英国绅士寡言少语，低调含蓄，而英国小说中的女主人公也大都冷淡而矜持，常常将情意隐藏在看似冷漠的外表之下。因此，直到伦敦于 20 世纪 60 年代掀起“时装革命”之前，英伦风格一直以剪裁精良的男性西服著称，维多利亚风格的服饰虽以繁复华丽闻名于世，却也极为保守与克制。然而，今天的伦敦时装周却成为全世界最具实验性、前沿性、开放性的平台，出其不意，打破常规，开启出无限的可能性。这便体现出英伦时尚的矛盾与多样化的性格。

我曾经为伦敦的包容性所震撼。它是保守与叛逆的两个极端，自成一格；对于其自身的传统有着完好的传承，同时又成为世界流行文化的先驱。探究其历史根源，是否因为它曾经一无所有所以能够包容一切？

如果把地图旋转九十度，我们会发现藏匿在欧洲大陆西隅的英国正处于文明的最底端，这使它能够受到来自全球文化的影响，并给予了吸纳一切文明成果的动力。倘若像高野孟《如何阅读世界地图》那样观看英国，把它当作一种弹珠游

◆ 威尼斯建筑双年展之英国馆：“岛”，摄于 2018 年

戏的平台来看，所有的珠子都会经过远东，经过繁华的西欧，再经过这片大陆上的种种地方，最后聚集到底部，即英伦三岛所在的位置，英国下面是一望无际的大西洋。英格兰人的身上奇妙地混杂着不同的风格和性格，可以被视为拥有民族性最少的一个民族，而这个特点却也造就了其独特的“英国性”。

据说，在五千万年前，伦敦的地基便是一片汪洋大海。

2018 年，威尼斯建筑双年展中英国馆的主题为“岛”。

对于英国而言，“岛”具有令人寻味的象征意义。英国剧作家莎士比亚晚期创作的戏剧《暴风雨》（The Tempest）的场景便是一座岛屿，当故事的主角米兰公爵普洛斯彼罗被弟弟安东尼奥篡夺了爵位后，只身携带襁褓中的独生女米兰达逃到一个荒岛，并依靠魔法成了岛的主人。在这个故事中，“岛”是庇护之所。英国馆策展人卡鲁索·圣约翰建筑师事务所的彼得·圣约翰与亚当·卡鲁索联想到英国脱离欧盟以及脱欧所带来的不确定性。此外，“岛”这个地理上的因素或许也能够解释英国人与欧洲大陆之间天然的疏离感。这一个自由空间使人充满遐想，它可以被诠释为无限的隐喻，为英国馆首次在双年展上摘得特别荣誉奖（Special Mention）。

Cool Britannia：从大不列颠到酷不列颠

◆ The Tempest, William Hogarth, 1735，现存于 Nostell Priory，英国

We are such stuff as dreams are made on.

—The Tempest

人生如梦。

——《暴风雨》

COOL BRITANNIA

从大不列颠到酷不列颠

伦敦的面貌是流动的，矛盾的，多样化的，它逾越一切界限并展示出人类的所有可能性；英伦时尚也呈现出兼容并蓄，古典与当代、高雅与叛逆并存的鲜活气质，与这座城市的形象相互裨益。

◆ 伦敦街头的表演艺人，摄于 2010 年

20 世纪 90 年代，英国掀起了“酷不列颠”的文化风潮，这股风潮以 60 年代的流行文化为灵感，经历了 70 年代与 80 年代的叛逆后，通过辣妹组合（Spice Girls）,Blur 乐队、Oasis 乐队以及 Pulp 乐队的风靡而掀起了一股乐观的情绪。“酷不列颠”最初用在 Bonzo Dog Doo Dah Band（简称为 The Bonzo Dog Band）于 1967 年创作的一首歌曲的名字，1997 年，由布莱尔（Tony Blair）执政的英国政府开始打造充满活力的国家形象，将“酷不列颠”公开作为执政口号，推广英国年轻、酷、现代的新锐形象。

“酷不列颠”形象的基础来自英国的创意产

业。英国著名的品牌顾问约翰·格兰特将“酷不列颠”解释为“新营销”，包括重视活力和创意思考，靠直觉去尝试创新。2003 年，一场声势浩大的国家公关行动“创意英国”在中国北京、上海、广州和重庆等城市举行，活动内容涉及文化艺术、时尚、科技、教育、环境保护等领域。连接英国与法国巴黎及比利时的高速铁路欧洲之星（Eurostar）曾做过一组名为“London is Changing”的广告，将憨豆先生替代女王印在英镑的钞票上，天线宝宝成为城市的守卫者，年轻人在红砖墙上画下“FUTURE”字样的涂鸦，为人们呈现出城市幽默、童趣、充满希望的新形象。

在所有城市中，伦敦最擅长模仿，在日不落帝国的光环下，这座大都市成为人类文明的中心。19 世纪的英国见证了都市化，伦敦从大城市转变成为大都市，成为大伦敦（Greater London）。到了 1901 年，伦敦的人口达到 660 万，是排在其后的 18 个大城市人口总和。城市化催生出城市群与城市带，产生了极大的集聚效应。不同的文化、不相干的元素在此并存，并在千禧年之前加入伦敦整体性的光辉之中，变得辉煌而庄严。伦敦的面貌是流动的、矛盾的、多样化的，它逾越一切界限并展示出人类的所有可能性；英伦时尚也呈现出兼容并蓄，古典与当代、高雅与叛逆并存的鲜活气质，与这座城市的形象相互裨益。

伦敦是英国民族性最浓缩、精华的地方，但伦敦人与英国其他地区又不同，许多伦敦人会下意识地将自己与其他城市的英国人区分开来。有俗语说，整个英格兰都变成了伦敦，也有人将伦敦视作一个独立之国，有着自己的风俗和习惯。2011 年，摄影师连美恩在拍摄一位来自约克的模特儿时，不断赞美她尽职尽责，在下雪的冬日也能忍耐严寒毫不抱怨。这位模特儿认为自己年纪轻轻来到伦敦已是天大的幸运：在她们家乡，人们依然保守愚昧，女孩子并没有太大的前途，她身边的姑娘们有许多十二三岁便当上了母亲。这里的乡村文化至今依然十分保守，有一位英国艺术家的母亲从威尔士到伦敦探视他时，在公交车上当众大声吆喝道，“我不能理解为什么这里会容纳这么多肤色的人”。他立刻替母亲向大家道歉，并为此感到尴尬。而今天的伦敦，却是由来自不同国家、不同肤色、不同阶层的人群共同建设的，这里既汲取了英伦三岛不同时代的历史与文化，浓缩了不列颠的本土文脉与独特性格，又有国际大都市容纳一切的大度风范，成为这个世界的缩影。

CREATIVE CITY

创意城市

创意产业的发展使城市发生的戏剧性的转变，促进城市的文化重建，使伦敦从大都市演变为多中心都市。城市的文化动力与创意阶层的聚集为伦敦创造了浓厚的创意氛围，成为孵化时尚创新的土壤；而英伦时尚作为创意产业中的重要环节，也为伦敦这座创意城市增添了许多活力，成为城市精神的象征。

Creative City：创意城市

伦敦是一个集历史、文化、旅游、政治、科教与商业为一体的大都市，也是世界四大时尚之都之一。

虽然英国本土的历史文化资源并不丰富，但是英国特别注重对本国历史文化资源和产业链的深度开发，伦敦也成为世界公认的创意城市。文化资源体现在民族的历史、习俗与知识中，是城市的原料及价值基础。文化资源本身并不等于文化资本，创意产业需要使文化产生价值，创造效益。“文化产业”是 20 世纪 40 年代法兰克福学派为批判资本主义意识形态所提出的概念，其核心在于把本质上无形的文化内容商品化。20 世纪以来，英国的文化经历了由以精英主义为代表的高雅文化、占主导地位的男性大众文化到多线发展的流行亚文化的民主化转变，随着后现代主义的兴起、全球化浪潮与信息一体化的到来，其文化更加兼容并蓄，这为伦敦的传统文化转化为可成为资本、带来经济效益的产业奠定了基础。

创意产业是 90 年代末英国首倡的一项国家战略，英国是世界上较早重视创意产业的国家，也是最早提出创意产业内容和定义的国家。作为英国政治、经济、文化中心，伦敦在从一个港口贸易城市发展为世界级国际经济中心城市的过程中，吸纳历次产业革命的最新成果，在一定时期内，始终处于大城市发展的前列，被公认为世界创意之都。这股创意的浪潮引发了世界大小城市的转变，从每一种文化意义和社会意义上，伦敦的经验都为其他城市带来启发。

1998 年，英国政府在《英国创意产业路径文件》中首次对创意产业作了定义：“所谓‘创意产业’是指那些源自个人创意、技巧及才华，通过知识产权的开发和运用，具有创造财富和就业潜力的行业。”内容包括艺术、广告、时尚、设计、音乐、表演艺术等 13 个行业。2000 年，英国学者查尔斯·兰德瑞（Charles Landry）在其代表作《创意城市：都市创新的工具书》（*The Creative City: A Toolkit for Urban Innovations*）阐述了一种崭新的策略性都市规划法，探讨如何将城市的创新转化为现实、打造都市创意生活圈。2002 年，理查德·佛罗里达（Richard Florida）提出“创意阶层”（creative class）的概念，聚焦于具有创意的人力资本，强调人们在创意时代的创造性角色，并深入研究了创意阶层对城市和区域发展的影响，提出了解释城市和区域发展的新的理论——创意资本理论（creative capital theory），其代表作《创意阶层的兴起》（*The Rise of the Creative Class*）引起了各界学者及政策决定者的广泛关注，其相关学说成为许多城市更新运动与发展转型的重要依据。同年，“创意经济”（creative economy）的概念被提出，探讨以创意为基本动力的经济形态和社会组织。

回顾形成这些概念的20世纪80年代末，当时所探讨的关键词包括：文化（culture）、艺术（arts）、文化规划（cultural planning）、文化资源（cultural resources）与文化产业（cultural industries）等。直至90年代中期，创意才成为一种新型的共识，文化产业成为创意产业（creative industries）。继提出创意产业的概念与发展策略之后，2003年，伦敦公布了《伦敦：文化资本——市长文化战略草案》，提出文化发展战略是维护和增强伦敦作为世界卓越的创意和文化中心的主要途径，并要把伦敦建设成世界级的文化中心。

英国文化创意产业的平均发展速度是经济增长的两倍，所创造的年均产值接近600亿美元，约占GDP的11%，超过传统制造业中任何行业所创造的产值。2015年，英国创意产业的工作1/3在伦敦；伦敦的就业中，1/6的工作是在创意产业。创意产业成为英国仅次于金融服务业的第二大产业，是英国经济增长的动力和财富源泉。其中，英国的时装产业是英国创意出口的重要部

◆ 伦敦街头的彩虹，摄于2011年秋

分，也是英国经济的重要部分。英国政府报告指出，伦敦时装协会（BFC）预估仅伦敦时装周将为伦敦经济贡献 3000 万英镑（£30m）的年度收入，且上季订单为 1 亿英镑。根据 BFC 官方发布的数据，2008 年，英国消费者在服饰与鞋履的消费达到 460 亿英镑。这项研究表明，时装产业是英国经济的重要组成部分，且再次确认了英国时装在创意产业中的重要地位。

创意产业的发展使城市发生戏剧性的转变，促进城市的文化重建，使伦敦从大都市演变为多中心都市。城市的文化动力与创意阶层的聚集为伦敦提供了浓厚的创意氛围，成为孵化时尚创新的土壤；而英伦时尚作为创意产业中的重要环节，也为伦敦这座创意城市增添了许多活力，成为城市精神的象征。

CITY & STYLE

英伦风情

/ 贰

英伦风情

我们可以归纳出一种“英伦风格”吗？是什么创造了这种风格？而我们讨论的到底是大不列颠风格、英格兰风格，还是伦敦风格？从18世纪末至今，英国人独特的品位与创造力在近三个世纪以来对世界潮流产生了深远的影响，“英伦风格”作为一种代表其民族性的独特文化也在不断诠释并颠覆着时尚的定义。英伦风格有着鲜明的独特性格，同时又展现出多样性、矛盾性与复杂性的特征，因而任何定义其时尚风格的尝试总会显得模棱两可。

时尚体现人们的社会和经济关系，英国时装的演变与英伦风格的形成折射出英国的社会变迁与身份属性。英国在早期的历史中长期处于欧洲文明的“化外之地”，其服饰在18世纪以前也处于跟风的地位。直至18世纪初，西方时尚还以法国为引领。在工业革命的背景下，英国有史以来第一次不仅颠覆了时尚的风格，也引领了时装生产与服饰产业的革命。其中，乔治王盛世时期的流行时装、简·奥斯汀（Jane Austen）摄政时期的时装、花花公子（Dandy）的风格、维多利亚时代的服饰、爱

◆ 英国最受关注的当代艺术家 Tracy Emin 于 Hayward Gallery 的展览手册封面，这幅摄影作品传达出强烈的当代英伦气息

德华风格的服饰都体现出强烈的现代性与民族性。

20 世纪到来后，英国虽在国际上逐渐丧失了其“世界霸权”的地位，但时尚产业依然引领着世界的潮流。20 世纪 90 年代末，英国将“创意产业”首倡为国家战略，时尚产业成为创意经济的主要组成部分，不论从国民经济总产值的贡献层面，还是在其文化影响力与提升城市与国家品牌形象等方面都占据着重要地位。战后的英国先后成为波普艺术与朋克的发源地，引领世界的流行文化与街头文化，一方面展现出先锋性与前卫个性，另一方面却依然保留着对于民族传统的怀旧情结，这种古典与现代并存的态度形成了今日兼容并蓄的英伦风格。

THE ENGLISHNESS AND MODERNITY

现代性与民族性

英国人追求自由与平等、重视自我意识与个人价值感，因此在英伦时尚中传统与现代并存，不同时代的文化与风格在此汇聚在一起；高级与低级难分难解。

The Englishness and Modernity：现代性与民族性

英国是世界上第一个出现“现代性”的国家，倘若探究它的根源，自我意识（Selfhood）的出现是其至关重要的因素。英国是一个注重个人价值感的民族，他们比其他国民更有个人力量。孟德斯鸠将个人主义与自由相提并论，“英格兰的每一个人都是独立的，这个民族酷爱自由”。英国史学家艾伦·麦克法兰曾言：“英格兰民族性的成因在于一种混合政体——君主制、贵族制、民主制的三结合——和一种混合宗教——人人享有莫大的自由和独立。”

在服饰方面，英国同样是世界上第一个出现“现代性”的国家，现代西装正是起源于英国，结合了当时的贵族服装与军服的特点而演变而成。在视觉上，现代性的关键要素在于简约；而在自我意识的觉醒方面，服饰的现代性体现在人们穿衣服不再是为了保暖或炫富，而是为了自己的舒适。

相对于其他民族，“生而自由”的英国人并不太“迷信”众所周知的国际大品牌，在这里，每个人都是不一样的烟火，每个年代、每种风格也都能够和睦共存。他们尊重自由，因此也能够包容和欣赏不同的文化与时尚，呈现出旧日帝国风范的文化自信。

2010年参加伦敦时装周时，我第一日穿着一身优雅的名牌套裙，并未得到摄影师们的特别关注。第二日，我换上一身混搭古着，倒是吸引了不少注意。如同秀场内设计师将发布会当做一个前卫的实验场一样，在秀场之外，这座城市也偏爱有趣胜过优雅，偏爱独立设计师胜过大品牌。英国人常常愿意花费购买一件Burberry风衣的价钱在Bricklane一家不知名的独立设计师的小店中淘选一件更为别致的外套，也有人愿意花费上千英镑买回一身20世纪20年代保存完好的盖茨比风格流苏裙，而这个价格完全可以买一件具有强烈品牌标识度的Gucci礼服了。他们认为，这才代表着“品位”。支持年轻设计师成为英国人推崇的品格，民主的观念渗透在许多细节中，包括消费习惯。比如，当需要购买一盒香烟或者一包口香糖的时候，如果这个区域有私人经营的小店铺，也有Tesco等大超市，许多知识分子会刻意地舍近求远去支持社区的小店。

阶级的形成同样需要自我意识，也就是说，各个阶层能够感到并明确说出其共同利益。英国的社会等级自古以来就有融合性，伦敦更是在几百年来都具有本土平等主义的特征。庞大中产阶级的崛起成为国家现代性的主要因素，并在今天形成一种现代的、开放的阶级体系，一切自由人在法律面前基本平等。近现代社会的英国经历了从贵族的世纪（即漫长的18世纪）转型为以中等阶级的生活方式、资产阶级价值观与城市化的生活方式渐成主流的19世纪，并形成阶级社会，又在两次世界大战之后出现若干流行亚文化团体，逐步形成多线发展的文化特征。

起初，初来乍到的我作为局外人感到英国的社会阶层观念是模糊的，尤其是相对它的邻国法国而言。在我通常加入的艺术沙龙中，有一贫如洗的无业游民，也有家财万贯的画廊经纪人，甚至也会遇到大名鼎鼎的艺术家。艺术家可能会穿着破烂，刻意地偏好波希米亚风格或是一些东方的、异域风情

◆ 伦敦城市，摄于2010年

的式样；而尚未能过以艺术谋生的，那些挣扎在社会边缘的，可能连一处像样的住所都负担不起的，需要接一些零工（比如卖盒饭、在文具商店打工）以维持生计的艺术家却经常西装革履，把自己打扮成一副可信赖的模样以在社交派对上拓展人脉。因此，你很难凭借着第一印象去鉴别派对中的一个人究竟是举足轻重的，还是偶然抓到了“门票”而混迹其中的。同样，在伦敦，一个资深的男同性恋都未必能够鉴别出其他陌生的男生是异性恋者或同性恋者：这里几乎所有男生都注重仪表，衣着干净，言语温和，因此在其他地区人们以“注重外表”而鉴定男人性取向的刻板印象在伦敦也未必通用。这种现象也发生在任何其他的公共空间。在伦敦的公共空间，比如乘坐地铁时我会比较有安全感，见到衣衫褴褛的人不会

感到害怕；然而在巴黎坐地铁时，由于几次不大愉快的经历，我甚至不敢与许多种族的乘客对视，出了地铁也不敢停留，几乎都是大步流星地匆匆走过。因此，至少在表面上看来，这座城市是一个聚集着不同种族、宗教、文化，拥抱多元的城市，生活在这里的人们自由而平等。

但深入其中后，我才发觉英国人的阶层观念是根深蒂固的，这种“精英主义”的思想无处不在。也就是说，当你是以一个局外人的视角观看这个国家时，会有一种“机遇无处不在”，只要努力就能够向上攀爬的错觉；但当你真的深入其中，尤其是处于较上层的社会，这种阶级感就显现了出来。英国人身份与阶层的标记依然可从外部识得，包括住房、衣着、教育程度、口音、自信心、财产、职业等，其中，精英式教育是将上层阶级与平民分层的重要因素。在一场展览开幕的私人晚宴上，坐在我旁边的男士说，能够坐在这里的人会从你的口音、谈吐、礼仪等细节来观察并判断你来自哪里（地理上与阶层上）。因此，英国史学家艾伦·麦克法兰认为，这里“表面上的平等、实际上的财富特权（privileges of wealth），或许比全世界任何国家都要厉害”。英国自历史上就有阶层流动的传统，但同时，英国人对于阶层的态度却在骨子里便是保守、排外的。这种墨守成规的态度隐藏在英国人的血液中，在一定程度上造就了他们对传统的重视和对文化的自信，促进了英国人对其自身历史文化的深度发掘，并在风格上逐渐形成独具一格的“英国性”。

另一方面，英国对待不同种姓、阶层与性别的民主性显而易见。想要得知一个国家或一座城市的自由、民主与包容度，最显而易见的办法是观察他们对待弱势群体或少数派群体的态度，比如女性、有色人种、劳动阶层与非异性恋者。这里的文化有自下而上传播的渊源，从戏剧、音乐到时尚等领域均有复兴低级文明的力量。能够体现伦敦“表面上的平等”的最重要的身份标识便是衣着。在法国，呢子和灯芯绒曾经成为上等阶级和下等阶级的代名词，爆发法国大革命后，无套裤汉成为平民的代名词（贵族穿短裤，称为 Culottes；劳动阶级穿长裤，称为 Sans-Culottes），路易十六的皇后玛丽·安托瓦内特（Marie Antoinette）被送上断头台，其服饰也发生了重大转变。相比之下，英国的服饰却并未体现出如此鲜明的阶级差异感，其变化也是循序渐进的。从 18 世纪的田园风格、维多利亚时代乡村中工人阶层的传统服饰，及至当代的崔姬与朋克风潮，英国服饰史上最为著名的风格有许多都源于社会底层的民众。英国当代设计师与艺术家通过服饰以展现的身份也充满了多样性，或强调民族性或借鉴异域文化，或体现阶层感或打破阶层，或凸显性别气质或打破性别差异，因此打破了霸权的文化话语，展现出多元化的风情。

伦敦的本土平等主义伴随着自中世纪学徒以来就存在的沉着与进犯性。象堡区（Elephant Castle）一带及伦敦南部的“泰迪男孩”（Teddy Boys）借用了二战后伦敦塞维尔罗街的顶级裁缝的标志性设计爱德华式服装，将这种象征着统治阶级的款式改变为自己的识别性装扮，成为伦敦街头风格的代表；其继任者摩登派的群体则属于比劳动阶级还要低的低中产阶级。以肇事著称的光头仔（Skinheads）借用现代主义者和摩登派服装式样的元素，加上齐头圆形短发的统一发型，成为该群体最具识别性的特点。

这或许能够解释今日的伦敦风格为何充满矛盾性和复杂性：因为英国人追求自由与平等、重视自我意识与个人价值感，因此在英伦时尚中传统与现代并存，不同时代的文化与风格在此汇聚在一起；高雅时装与街头时尚并存，并不时地出现自下而上传播的流行风格，高级与低级难分难解；在现代时装中所体现的性别气质通常是模糊的，而阶层观念也是平等且具有进犯性的，所有的风格交汇在此，形成了今日兼容并蓄的英伦时尚。

FLORAL
田园民族与印花

英国自古以来便以田园风光著称，有人说，英国人的灵魂在乡村。

Floral：田园民族与印花

出生于伦敦的作家彼得·阿克罗伊德这么描述自己的城市："城市街巷似微血管，公园似肺腑。"

走在这座城市狭窄而古老的街巷中，很难想象这片土地上拥有多达800万棵绿植，根据卫星拍摄的土地覆盖图，伦敦地面上47%都是绿色。2014年，甚至有人提议将伦敦建成一个国家公园。19世纪中期起，伦敦掀起公园热。从城西的海德公园到城东的维多利亚公园，园林与草地在这座城市占据着极大的比重，其间又隐藏着数不尽数的"秘密花园"，形成这座大都市的独有景观。

英国自古以来便以田园风光著称，有人说，英国人的灵魂在乡村。早在18世纪起，贵族们拥有大片的土地，花费大量的时间和金钱建造自己的庭院。英国人喜欢乡村胜过喜欢城镇，即使伦敦发展成了国际化大都市，这里依然保留着田园与花卉的传统，从大型公园、私家花园到人声鼎沸的花卉市场，田园的风情无处不在。

记得刚到这座城市的时候，有人对我说，当你连这里的花草树木都认得了，你就是真的融入其中了。19世纪30年代之前，伦敦常见的花卉品种只有香桃木、天竺葵、风信子。随着花卉装饰在城市中产阶级的风靡，这里逐渐引入了紫罗兰、玫瑰、石竹花、丁香花等品种，伦敦在19世纪80年代兴起了的"窗台花艺热"，自然的气息飘入了城市的家庭里。1913年，由英国皇家园艺协会主办的切尔西花展（Chelsea Flower Show）开幕，此后成为英国一年一度的传统花卉园艺展会，也是全世界最著名、最盛大的园艺博览会之一。曾

◆ 肯辛顿公园，伦敦，摄于2012年

◆ 威斯特敏斯特公园，伦敦，摄于2010年

◆ Covent Garden 市集的鲜花装置，摄于2017年

鸟雀在这些树间悦耳地歌唱，穿透环绕这座城市的聒噪。
——引自马修·阿诺德《肯辛顿公园赋诗》

公共汽车从诺丁山门驶向大理石拱门的时候，驶过海德公园，"上层车厢的人们伸手贪婪地抓一截细枝带回城"，耳听"芦苇莺、杜鹃、夜莺的叫声"。
——引自内维尔·布雷布鲁克《伦敦之绿》

经的科文特花园（Covent Garden）市场整个西北角都是花卉的批发商，如今，伦敦大型的综合露天集市也依然保留着鲜花的摊位与店铺。位于 Hoxton 的 Columbia Road 市集每到周日都会变身为鲜花集市，鲜花的摊位铺满了道路中间的空地，许多伦敦人会特地到此买花，顺便在旁边的店铺喝上一杯咖啡，逛一逛周边的店铺与画廊。

自从英国的服饰 18 世纪开始形成自己的风格起，田园与印花便在英国人的服饰与面料上体现得淋漓尽致。与法国相比，18 世纪英国的肖像画更加具有田园风情。英国设计的鼻祖威廉·莫里斯（William Morris）创作了大量花卉与自然的图案，用以装饰英国人的家庭，当作壁纸、窗帘、桌布，以及衣物的面料。诞生于 1875 年的利伯提印花（Liberty Art Fabrics）以花卉图案著称，其中最具代表性的是 Betsy 碎花、Ianthe 抽象花朵以及孔雀羽毛。这些经久不衰的印花纹样在英国时装设计师的创造下共同构筑了英伦时尚的田园风情。

从 18 世纪受卢梭思想影响的英国田园服饰到 20 世纪 60 年代发表时装革命宣言，在英国人的眼里，服饰与身体的关系须是自然的、自由的：女孩子要能够穿着自己的衣服自由奔跑和跳舞。

◆ 伦敦东区居民房屋门前的鲜花，伦敦人可以使用任何容器装置鲜花，有人在窗台前将鲜花插进雨靴中，也有人在门前把鲜花放在废弃的马桶里（图片摄于 2010 年）

◆ Nottinghill 居民房屋外的窗台花艺，图片摄于 2012 年

伦敦新生代设计师Christopher Kane，Matthew Williamson，Erdem，Michael van der Ham都是以擅长印花、拼接与创新而著称设计师，他们将数码印花诠释为现代、简约，充满轻盈感，不甜腻，不艳俗，带着新一代英伦酷劲儿的时尚。

年轻的设计师克里斯托弗·凯恩（Christopher Kane）在推出中央圣马丁设计学院（Central Saint Martins）毕业作品时便即刻得到了媒体的广泛关注，他的品牌几乎在同时创办，并迅速成熟并成长为英国时尚界最具影响力的品牌之一，获得了国际上的成功。通过不断创新，叛逆的女性气质和非凡的技巧，他的服装不断传递着不可言喻的时尚感与诱惑力。短短数年，Christopher Kane 获得了许多行业荣誉和奖项，其中包括四项英国时尚奖，并于 2013 年度获得年度设计师奖。

◆ Columbia Road 周日市集，图片摄于 2011 年

◆ 鲜花的摊位铺满这条街道，猫咪跳到车顶上，流浪艺人在街边演奏，伦敦人到此度过一个悠闲的周末下午，顺便买束花回家

◆ 直到今天，William Morris 的图案依然为不同领域的设计师所使用，并将其诠释为更加具有时代特征的艺术语言。图为 William Morris 的面料图案用于 Anna Sui 的西服夹克，摄于时装与面料博物馆（FTM），2017

Christopher Kane 2012 年春夏发布会

观看这场时装秀的感觉像是置身于一个英式花园里，鲜花刚刚被浇灌后，阳光慵懒地洒在上面，浮现出影影绰绰的明暗光影。

Christopher Kane 这一季的灵感来源于那种“学校里遭人厌恶的女孩”，她们成群结队，霸道欺凌，喜爱攀比。Kane 以记忆中体育课上女孩们所穿的运动装为灵感设计了更有挑逗趣味的板球衫和短裙，服装上拼贴的花朵似乎是从女学生剪贴簿中的剪纸

◆ Matthew Williamson 与 Urban Outfitters 合作系列，摄于 2012 年，伦敦

◆ 利伯提印花（Liberty Art Fabrics）图案的产品：包袋与香皂，陈列于 Summerset House “Perfume：A sensory journey through contemporary scent”展览零售店，2017 年

演变而来；而最后出场的一款镶满珠饰的裙装灵感则来自 Kane 在跳蚤市场上发现的古老贴袋上的装饰。

这位擅长印染与面料创新的设计师以 Lurex 纱线和织锦打造了礼服系列，用闪光饰片创造出波光浮动的效果；采用 70% 的含铝透明硬纱剪裁而成的“幽灵面料”，以四层面料缝制却依然显示出隐隐的透明度，并在上面镶嵌花朵，创作出自然交织的梦幻效果。这种若隐若现的意境并非是维多利亚时代古董蕾丝那般的优雅，而是充满了现代感与未来感的仙味儿。

马修·威廉姆森（Matthew Williamson）毕业于中央圣马丁设计学院（Central Saint Martins）。毕业两年后，他于 1996 年创建了自己的服装品牌。1997 年 9 月，在伦敦时装周的首次时装表演中，他的 Electric Angels 时装便赢得了国际媒体的关注。他的设计以大胆的色彩与精细的剪裁而著称，擅长将蕾丝、刺绣、蝴蝶波纹绲边等浪漫的细节融入优雅精致的设计中。

Matthew Williamson 2012 年春夏发布会的场馆

◆ William Morris 将花卉与自然的图案用于英国人生活的各个部分，从衣物的面料、桌布、窗帘到墙壁的挂毯、瓷砖、壁纸以及地毯。上图分别为 William Morris 的 Snakeshead 面料设计，1876；Windrush 面料设计，1881—1883；Little Flower 地毯设计局部图；瓷砖设计，1876；Cabbage and Vine 挂毯设计，1879；Trellis 壁纸设计稿，1862

◆ 伦敦时装与面料博物馆 2010 的展览“Horrockses Fashions：Off the Peg Style in the 40s' and 50s'”回顾了这家英国 19 世纪 40—50 年代最具影响力的成衣品牌从面料生产到成衣制作的历程，陈列了大量印花设计与印花面料的裙装，图片摄于时装与面料博物馆（FTM）

◆ Matthew Williamson 2012 年春夏发布会，摄于 2011 年 9 月 19 日，伦敦

◆ Christopher Kane 2012 年春夏发布会

◆ Christopher Kane 2012 年春夏发布会，摄于 2011 年 9 月 19 日，伦敦

选在了充满工业气息的泰特现代美术馆（Tate Modern），位于泰晤士河的南岸。这一年，资深时尚买手 Sonja 第一次来伦敦，她对于嚣杂时尚的伦敦中心视而不见，到了南岸时却兴奋得像个孩子。我们在 Wagamama 吃了日式拉面，又耽于南岸的美景，迟到了入场。所幸，Matthew Williamson 的挚友，曾饰演安迪·沃霍尔的“工厂女孩”的英国时尚偶像西耶娜·米勒（Sienna Miller）也姗姗来迟，发布会略微延迟了开场。

“我猜，当人们听到 Matthew Williamson 时，首先会想到信步于沙滩上的少女，”Matthew Williamson 在此次发布之前说道，“但事实上，这里为女士们提供了在任何场合都可以穿着的时装。”

Matthew Williamson 延续了他飘逸浪漫的设计风格，以明亮的色彩、雪纺绸女士衬衫、日本数码风格的印花打造出都市时尚的波希米亚风格。他所驾驭的印花看起来像是抽象的扎染，然后将其裁制成丝绸衬衫裙和连衣裤，轻柔而丝滑。的确，我们能够想象少女们穿着这样明艳飘逸的衣服漫步于沙滩，也能够想象一位成熟自信的都市丽人穿着这样亮色的裤子与雪纺绸衬衫信步于城市的楼宇间。

◆ Erdem，2012 年春夏发布会，摄于 2011 年 9 月 19 日，伦敦

荷兰女装设计师迈克尔·范德汉姆 Michael van der Ham 毕业于中央圣马丁（Central Saint Martins）后创立同名品牌，是伦敦时装周上一颗冉冉上升的新星，他于 2012 年在伦敦夏季奥运会开幕式为歌手比约克（Björk）与托里·爱莫（Tori Amos）设计了演出服。

Michael van der Ham 2012 年春夏发布会为了向商业化靠拢，在很大程度上放弃了个人的风格，如绉丝材质上撕裂般图案的开襟女衬衫等拼贴布料的手法，却以靓丽的印花设计获得了认可，用拼接的花卉与明艳的色彩营造出度假的氛围。

设计师艾尔丹姆（Erdem Moralioglu）毕业于伦敦皇家艺术学院（the Royal College of Art），其后前往纽约为德赖斯·范诺顿（Dries Van Noten）担任设计师，奠定了印花设计的坚实基础，他的印花充盈着古典与成熟的美感。2005 年，他创建同名品牌艾尔丹姆（Erdem），首次秀场即获得“英国时装协会奖”（British Fashion Council Award），其忠实顾客包括凯特王妃，米歇尔 · 奥巴马，萨曼莎·卡梅伦等皇室与政坛女性，也不乏妮可·基德曼，凯拉·奈特莉、艾玛·沃特森、艾里珊·钟等气质优雅的时尚名流。Erdem 定位高端，但经常与其他品牌跨界合作，其中，2017 年与快时尚品牌H&M合作的系列取得了巨大成功。

Erdem 2012 年春夏发布会选在了伦敦 Savoy 酒店，其以老式壁纸印花为灵感，使其展现出“ Wedgwood 品牌瓷器的高贵感觉”，透视蕾丝若隐若现，闪亮金属片的褶裥花朵绚烂夺目，清爽的整体色调与酒店大厅的蓝色相呼应，造型古典、端庄却不显得无趣，洋溢着梦幻与撩拨的氛围，充满活力。

◆ Michael van der Ham，2012 年春夏发布会，摄于 2011 年 9 月 19 日，伦敦

CHILDISH
童趣

英国人充满童趣的特点可能会出乎我们的意料。事实上，这个看似呆板的民族保留着永久的童心和青涩。

◆ 图片拍摄于伦敦，2017 年

◆ 阳光灿烂的午后，英国温莎蛋糕店中的两个小女孩在窗口观看行人，对着他们欢笑。图片摄于 2011 年

Childish: 童趣

英国人充满童趣的特点可能会出乎我们的意料。事实上，这个看似呆板的民族保留着永久的童心和青涩。《爱丽丝梦游仙境》《指环王》《哈利·波特》《彼得兔》《帕丁顿熊》等，近 200 年最流行的儿童文学作品、影视作品与玩偶形象许多都是来自英国。其中，迪士尼电影《爱丽丝梦游仙境》灵感来自英国童话作家刘易斯·卡罗尔的《爱丽丝漫游仙境》和《爱丽丝镜中奇遇记》；《彼得兔》的作者是英国作家、漫画家海伦·碧雅翠丝·波特。由英国广播公司(BBC)与Rag Doll公司制作的幼儿节目《天线宝宝》(Teletubbies) 发行于 1997 年到 2001 年，节目一经播出便造成相当的轰动，而天线宝宝也成为家喻户晓的明星娃娃。《天线宝宝》中的主要场景为“神奇岛”，岛上布满了幻想的奇观，孩子们在游戏中学习。由英国人创作、导演和制作的一部英国学前电视动画片《小猪佩奇》(Peppa Pig) 自从 2004 年发行首播后更是受到全球学前儿童以及其家长们的喜爱，极简的动画风格与极具教育意义的故事情节培养儿童良好的生活习惯，宣扬家庭观念与友情，“小猪佩奇”因此成为“网红”，佩奇一家的形象被印在饼干的包装上，被做成手表，甚至印在大人们穿的 T 恤上，中国的粉丝友好地称它为“社会猪”。此外，哈洛德百货的小熊维尼、塞尔福里奇的帕丁顿熊都成为英国作家创作的灵感来源，当代英伦时尚品牌中也有许多充满童趣的设计。曾在 2013 英国时尚大奖中荣获最佳新人奖的 Agi & Sam 设计二人组在 2015 年伦敦男装周的发布会上用乐高积木装饰模特们的脸蛋，其中一位模特还在后台被摄影师抓拍到戴着乐高面具吃香蕉填肚子的画面，用斑斓的童趣吸引了极大的关注。

Lulu Guinness 与 Charlotte Olympia 是当代英国配饰与

鞋履品牌的代表，这两个品牌都充满了超现实主义风格与浪漫气息，复古优雅却又新奇逗趣。Lulu Guinness 由 Lulu 创办于 1989 年，品牌的花篮包“The Florist Basket ”被维多利亚与阿尔伯特博物馆永久收藏，并于《1947—1997：伦敦时尚 50 年》（The Cutting Edge：50 Years of British Fashion 1947—1997）展览中展出。2006 年，品牌创办人 Lulu 由于对英国时尚产业的巨大贡献被女王授予“OBE”的骑士勋章；2009 年，她获得包袋设计终身成就奖。Lulu Guinness 将 20 世纪 20 年代的超现实主义时装大师 Elsa Schiaparelli 的特立独行发扬光大，她做的包袋以玫瑰花瓣，超现实主义的红唇，长睫毛的娃娃脸，好奇的猫咪为设计元素，充满了童趣与创意；品牌的鞋子则有娃娃脸淘气的皮革鞋面、激光切割的红唇鞋跟等标志性设计，充满了幽默感又保留着十足的女人味。

英国新锐设计师夏洛特·奥林匹亚（Charlotte Olympia）创建的鞋履品牌以天马行空的创意和童趣迅速成为明星与时尚博主的心中所爱。Charlotte Olympia 的鞋履从 20 世纪四五十年代风格中汲取灵感，以彩虹般鲜艳的色彩、厚厚的防水台与鞋底上的金色蜘蛛网 Logo 而闻名，平底鞋上印着可爱的豹子头，十二星座系列中每个图标的设计都别致有趣，丝绒防水台高跟鞋的侧面环绕着粉红色的丝缎，手套上涂着红色的指甲油，就连高跟鞋的图案也印着涂了红色指甲的纤纤玉手。Charlotte Olympia 的茶具也与众不同，粉红色

◆图片拍摄于 Alter 概念店，上海，2013 年。这家买手集合店率先引进了 Lulu Guiness，Charlotte Olympia 等当代英伦潮牌

◆据说，英国作家 J.K. 罗琳（J.K.Rowling）在爱丁堡的 Elephant House 写出了《哈利·波特》，许多粉丝特地来到这间咖啡馆朝圣。图片摄于 2017 年 7 月

◆拍摄于 2010 年 6 月，伦敦，图中女孩身穿 Viviean Westwood 连衣裙，佩戴蛋糕造型的头饰，是英伦装扮的典型搭配

与豹子头的搭配可爱至极。

如果说Lulu Guinness与Charlotte Olympia的设计都充满了复古的优雅与超现实主义的情调，同样以童趣著称的英国包袋品牌Mi Pac则多了些学院风格与休闲的气息。2014年，Mi Pac联合英国设计师Kit Neale设计的包袋系列包括将眼睛与天使翅膀结合的蓝色几何图形包袋，古怪奇趣的大象与调皮的老鼠图案包袋。2018年，Mi Pac与Tatty Devine的联名系列更加具有伦敦东区的原创特点，同样是以红唇与粉色的背景为灵感，他们所绘制的微启的红唇下竟是俏皮的牙套与钢线！因此，这款设计的原名索性叫做“Dental Bling Pink”。另一款黑色背景的包袋上将Tatty Devine的标志性设计拼接在一起，包括剥开皮的香蕉，带籽的西瓜，金酒的瓶子，娃娃的面孔，老虎头，红唇，小狗与龙虾…… 平面广告中的模特儿身穿休闲的卫衣与牛仔裤，戴着金框的眼镜，西瓜形状的项链上几颗黑色的西瓜籽惟妙惟肖。

◆ Charlotte Olympia的橱窗与店铺设计有种超现实的童趣感，摄于伦敦，2011年

◆ 拍摄于 2017 年 7 月，伦敦 V&A 博物馆永久收藏的 Lulu Guiness 花篮包 “The Florist Basket”

◆ Charlotte Olympia 高跟鞋，图片拍摄于 Alter 概念店，上海，2013 年

安雅 · 希德玛芝（Anya Hindmarch）是英式幽默和少女力的设计代表，她擅长将俏皮图案融入皮包设计，其中，逗趣的大眼睛设计成为经久不衰的 “it bag”；她喜欢皮革贴纸的随意搭配，使客人可以随心所欲地发挥创意、玩弄包袋；她会将肥胖蠢萌的猫咪与柔软的沙发垫结合起来，也曾把笑脸、云朵、心形等扁平化的数字图案变得蓬松轻盈，给人抚摸和拥抱的冲动。

创建于 1990 年的英国高端现代珠宝品牌 Links of London 最初由一对鱼型袖口纽的设计吸引了伦敦著名百货公司 Harvey Nichols 的关注与订购，此后，这个品牌开始生产摩登又暗藏童心的首饰与袖扣产品，袖口设计包括灵动可爱的娇兔，伦敦的双层巴士以及可爱的兔子、乌龟、昆虫等形象。此外，Links of London 于 2002 年首次推出的 “Sweetie” 系列手链灵感取自于伴随英国孩子成长、颇具英伦特色的传统糖果，将一颗颗的糖果串成色彩艳丽、充满童趣的吊坠，也蕴含着人们对于童年甜蜜的珍贵记忆。

◆图片拍摄于 2012 年 2 月，伦敦时装周 Piers Atkinson 与 Justin Smith 静态展览

DARKNESS AND REBELLION

阴暗与叛逆

“当时，在伦敦，我最钟爱的是雾…… 雾赋予这座城市壮丽的广阔。在那层神秘的斗篷之下，那些巨大、规则的街区变得十分雄伟…… 我可以告诉我的旅伴，他最终看到了最著名的黑暗之一，在所有陌生人的心灵里，这些黑暗包裹着最神奇、最富神迹的巴比伦。”——莫奈

Darkness and Rebellion：阴暗与叛逆

由于这座岛屿总是阴雨连绵、阴云密布，人们总是喜欢在广阔的草地上拥抱阳光，用印花图案与缤纷色彩的服饰来抵挡城市的阴霾。人们有时也会说，伦敦建筑在雨中最美，好似它们专门为暴雨而建造、涂饰的。

伦敦被称为“雾都”，雾气与阴霾形成了城市的纹理和颜色，甚至有艺术家们将雾视为伦敦最伟大的品质，认为这种粗鄙的色彩造就了伦敦独特的美。起初，伦敦的大雾源于自然现象，随着工业化与城市化的到来，伦敦污染的空气形成了豌豆汤般的黄色。1952 年 12 月 4 日至 9 日，伦敦发生了著名的“雾霾事件”，仅在大雾持续的 5 天内就有 5000 人丧生。

1899—1903 年，莫奈来到伦敦，专门画雾。他的画作赋予雾色笼罩下的伦敦一种原始壮观的力量，查令十字街桥、国会大厦与滑铁卢大桥的古老轮廓在雾色与变幻的光线中隐隐若现，呈现出崔嵬与威赫的华丽气派。

有人认得伦敦的花木，有人喜欢毛毛细雨中的伦敦，也有人会从它颓败、极端、矛盾的气质中找到共鸣。

◆ 晨雾中的滑铁卢大桥

◆ 阳光下的滑铁卢大桥

◆ 雾中的滑铁卢大桥

◆ 莫奈在《雾中的国会大厦》中描绘了他心中的巴比伦神迹，1903

◆ 莫奈，查令十字桥，1899—1901，收藏于圣路易斯艺术博物馆

◆ 莫奈，查令十字桥，1903，收藏于里昂美术馆

◆ 莫奈，查令十字桥，1899，收藏于马德里提森－波涅米萨博物馆

◆ 摄于伦敦地铁，2017 年 7 月

"当时，在伦敦，我最钟爱的是雾…… 雾赋予这座城市壮丽的广阔。在那层神秘的斗篷之下，那些巨大、规则的街区变得十分雄伟…… 我可以告诉我的旅伴，他最终看到了最著名的黑暗之一，在所有陌生人的心灵里，这些黑暗包裹着最神奇、最富神迹的巴比伦。"——莫奈

英国人崇尚黑色与哥特式的黑暗美学，自从伦敦成为朋克的发祥地之后，当代英国的设计师频频将暴力与血腥搬上发布会的舞台，这种黑色的浪漫成为英伦时尚的一个美学符号。自有史以来，伦敦便是一个以暴力著称的城市，有学者以“地区性流行”来形容这座城市的鲁莽和血腥。18 世纪末 19 世纪初，英国开始流行哥特小说，这种怪诞、恐怖的故事多以中世纪的城堡、修道院、废墟或荒野为背景，又被称为“黑色小说”。1888 年，一个名为“开膛手杰克”（Jack the Ripper）的歹徒以开膛剖腹的残酷手段，接连在伦敦东区的白教堂一带杀害多名街头妓女。此案一直扑朔迷离，成为百年悬案，却成为人们茶余饭后闲谈的话题。有数百部文学作品以此为灵感而创作，从小说、诗歌、话剧、歌剧到电视节目，这个故事甚至被改编为电影。2015 年，伦敦东区开设“开膛手杰克博物馆”。

英国是一个绅士国家，但同时也流传着痞子文化传统，并因此成为街头文化与街头时尚的发源地。至今，伦敦的暴力性事件依然可见，主要表现为种族与阶层的暴力，并具有区域特征。20 世纪 80 年代初，光头仔（Skinheads）在英国引发了一系列任性的恶意暴乱，被称为“索撒尔暴乱事件”，使整个国家失去平衡，而光头仔的装扮也成为一种极易识别的街头时尚风格。

影片《这就是英格兰》（This Is England）讲述的便是 20 个世纪 80 年代一群“光头仔”的故事，通过一个男孩肖恩的视线关注撒切尔时代“光头仔”的社会情况，电影获得 BIFA 英国最佳独立电影大奖与罗马国际电影节评委会特别奖。这部电影是导演西恩·迈德斯（Shane Meadows）的半自传体影片，片中许多情节都出自他年轻时放浪街头的亲身经历。肖恩的父亲在福克兰群岛战争中丧生，他们的家庭收入拮据，肖恩不得不穿着肥大的喇叭裤，而当时的英国流行紧身短腿裤，因此他遭到了同学们无情的嘲笑。后来，肖恩偶然加入光头仔帮派，穿上他们的服饰，并获得了团体的归属感。

起源于英国的现代哥特时尚风格（Gothic，简称 Goth）由英国哥特摇滚乐队 Siouxsie and the Banshees，The Cure，Joy Division 与 Bauhaus 引领，借鉴朋克与维多利亚时期的时尚元素，其风格表现为引人注目的黑暗，复古，神秘，复杂，充满宗教的气息。哥特时尚的妆容代表为深色的眼线与指甲，

◆ 摄政街店铺门前的装置艺术，2011

多数情况下是黑色，打有耳洞，佩戴银质首饰。

成立于1994年的英国东伦敦时尚品牌Allsaints成为“酷伦敦”的代表，以颓废的摇滚风格与反叛不羁的时尚态度定义着新一代的英伦时尚。该品牌套头衫上钉着一排排的铆钉与涂鸦图案，修身皮裤以拉链装饰，水洗牛仔裤上饰有破洞，做旧工艺的骑士夹克与皮具有重机车的酷劲儿。

Alexander McQueen，这位像摇滚巨星一般闪耀的时尚设计师是伦敦东区出租车司机的儿子，代表了当代伦敦最矛盾、最歇斯底里、最惊世骇俗的时尚。他将Joel-Peter Witkin新天主教派的恐怖摄影、锐舞文化、萨德侯爵的哲学，甚至异教徒的东西融入自己叛逆的设计中，时装发布会的主题与灵感缪斯也通常黑暗、暴力，并带着恐怖的色彩。

McQueen 1995春夏系列致敬希区柯克的经典电影《群鸟》（Birds），上衣与裙子上印有群鸟的剪影；2005秋冬系列“The Man Who Knew Too Much” 以因出演电影《群鸟》而走红Tippi

◆ 摄于伦敦时装周发布会，2011年9月

◆ Allsaints，摄于伦敦，2011—2017

Hedren为灵感，回归了1940年代充满女人味的轮廓，塑造出像Hedren那般毫无瑕疵，骄傲，优雅，冷艳的形象。McQueen 2009年秋冬系列“Horn of Plenty”再次致敬了希区柯克的电影《群鸟》，服饰既引用了Dior的“新风貌”，又在裙摆、头饰等处加入了鸟的造型与羽毛般的处理，美不胜收。发布会的场景则设置为工业摇滚流行歌星Marilyn Manson 的“Beautiful People”，模特儿敷上白面，画着巨大、夸张的黑色或红色唇彩，美丽却绝望，该系列成为McQueen最令人惊艳并不安的发布会。

1996年“The Hunger”系列灵感取自1983年的同名电影《千年血后》，Catherine Deneuve与David Bowie饰演一对吸血鬼情侣，被誉为“80年代最美的哥特电影”。McQueen的发布会并不像荧幕

◆ Alexander McQueen 2011年秋冬系列配饰，骷髅头是该品牌配饰中最具代表性的视觉元素，充满浪漫的哥特式美学

中的David Bowie那般俊逸冷傲，他将衣服撕裂，暴露且充满了血腥感，就连西服的肩膀上有着吸血鬼般尖锐的牙齿造型。

2007春夏系列，McQueen以1975电影Barry Lyndon与离经叛道的意大利女侯爵Marchesa Casati为灵感，并将西欧的古老舞曲Sarabande融入舞台的表演中。Marchesa Casati曾以名豹为宠物，服饰夸耀而奢华，2004年，两名年轻女设计师乔治娜·查普曼（Georgina Chapman）及凯伦·克雷格（Keren Craig）甚至创立以“Marchesa”为名的品牌，致敬这位无数人心中的灵感缪斯。

McQueen最能理解伦敦的黑暗与绝望，并将它诠释为浪漫的美。自他之后，新一代伦敦设计师中依然有人将这种黑暗、飙狂表达为充满情绪张力的时尚。

◆ 2011年，伦敦时装学院LCF毕业设计展中的女装设计与获得年度最佳设计师称号的配饰设计师Oliver Ruuger都采用了黑色哥特的美学风格

Regional Spirit
区域性精神

这座城市充满着实用主义的特征，所有的时代与风格在此杂糅，如今划分城市区域的不再是建筑或明确的边界，而是不同社区的聚集人口与氛围。

◆ 伦敦东区的墙壁上遍布着层层叠叠的涂鸦与怪诞的艺术装置，摄于 2009—2017 年

Regional Spirit 区域性精神

◆ Carnaby Street　摄于 2009 年圣诞前

伦敦每个地区都有明确的特征，这些区域都互有区别、独一无二，它们共同构成了这座城市的历史与今日的容貌。这座城市曾经在建筑师约翰·纳什的规划下，将贵族和绅士居住的街道与广场及穷人居住的小巷和简陋房舍之间设置一条界线，使穷人区与富人区截然隔离。但这座城市充满着实用主义的特征，所有的时代与风格在此杂糅，如今划分城市区域的不再是建筑或明确的边界，而是不同社区的聚集人口与氛围。伦敦"东区"是与"西区"相对的概念，整体而言，伦敦西区有漂亮的花园与广场，富饶而安逸，城市的中心繁忙且喧嚣，而东区则以贫穷和污秽著称。

以伦敦东区为例。伦敦东区这个词从 1880

◆ 哈克尼区（Hackney）区的画廊与剧院，摄于 2009—2017 年

年出现，但这个区域一直以来都是一个独立而特殊的实体，在中世纪晚期便呈现出了贫穷迹象。19 世纪初，东区以船运和工业为主，是贫困工人的住地。东区一直与污秽、肮脏、暴力、堕落、尘土相联系。1888 年，被归罪于开膛手杰克的著名系列谋杀案更为这一地带增添了血腥和恶臭的色彩。这一区域具有明显的“异族性”，有大量移民人口（如犹太移民、印度与巴基斯坦移民）。东区在历史上兴起过很多激进的活动，充满反权威的异见精神；与此同时，这里的居民显然更适合暴力的娱乐，此区域容纳着密集且具有影响力的音乐厅；并在 16 世纪就建造了两座伦敦最古老的剧场，这几个世纪以来均体现出了艺术的繁荣。因此，伦敦东区如今发展成为创意产业的聚集地具有历史上的延续性，这个区域虽然贫穷而鱼龙混杂，却是一个充满创造力与艺术氛围的地方。

人们通常将“伦敦东区”看作一个创意聚集区的整体，但东区的不同社区也有着截然不同的面貌。在

◆ Bricklane 白天聚集着来逛古着商店的潮人，晚上则化身为餐饮与酒吧的小巷。图 2 的 Beigel Shop 是这条街道上一个年份较久的地标性小店。摄于 2017 年

◆ Nottinghill　摄于 2012 年。电影《诺丁山》就是以此地命名并在此拍摄

伦敦东区中，如肖尔迪奇（Shoreditch），哈克尼区（Hackney），霍克斯顿（Hoxton）等区域各有其不同的历史脉络、聚集种族与社会变迁，如今也均已形成各自具有代表性的产业集聚与文化氛围。伦敦东区的肖尔迪奇（Shoreditch）在 17 世纪中叶是娼妓出没之地，19 世纪晚期出现“老尼克尔”残暴的街头帮派，充满了血腥与暴力；如今，这里依然以脱衣舞酒吧著称（如 Shoreditch High Street），暴力依然兴旺，同时却有聚集着艺术家的电影院、剧院与高档私人俱乐部（如 Shoreditch House）。就连西方世界潮流的代表 Shoreditch House 落座于此地，也沾染上了东伦敦放浪形骸的艺术气息。哈克尼区（Hackney）则是另一种颓败的气息，街头的墙砖上画满了涂鸦。帕特里克·赖特在《穿越废墟之旅：伦敦最后的日子》（1991）一书中通过考察达尔斯顿巷，认为这里仍然保留着旧时的能量，甚至在很大程度上维持着与 19 世纪小作坊相当的经济生活。

◆ Nottinghill，摄于 2012 年。

伊斯灵顿（Islington）曾经是伦敦中心偏北部的一个聚集着移民的社区，以客栈和茶楼著称，如今发展成为充满活力的时髦区域，这一带的酒吧和餐馆享有盛名。上街（Upper Street）两旁林立的餐馆在比例上超过伦敦任何一个地区；由上街拐入街巷，也有包括土耳其餐厅、地中海菜系等林林总总充满了异域风情的餐馆。

位于伦敦中心的苏豪（Soho）区域最为热闹，这里几个世纪以来都以性用品商店与脱衣舞俱乐部闻名，从 18 世纪末起便已是高级妓女的聚集场所，也出现过许多声名显赫的伦敦俱乐部女主人。2017 年上映的英剧《名姝》（Harlots）讲述的就是伦敦妓女的故事。1763 年，伦敦成为繁华的大城市，但伦敦城里近五分之一的女性需要通过卖淫来维系生存。玛格丽特 · 威尔斯（Margaret Wells）和莉迪亚 · 奎格利（Lydia Quigley）是两位妓院经营者，她们之间有残酷的商业斗争，也有需要拍卖女儿初夜以维系生存的无奈。剧中有一段情节讲述玛格丽特 · 威尔斯决心将自己的妓院搬迁到 Soho 的希腊街（Greek Street），以服务那里的贵族阶级。如今的 Soho 区依然保留着放浪不羁的声望，除了各种主题的俱乐部之外，艺术工作室、画廊和艺术学院也陆续搬迁到这里，各具特色的咖啡馆也随之而来，成为伦敦中心最喧闹的一个区域。

以上所提及的区域大都保留着过去的影子，而南岸则是在世纪之交发生剧变的区域。伦敦被蜿蜒曲折的泰晤士河分成了南北两岸，北部是政治、经济、生活的中心，南岸长久以来都是荒芜的陌生之地。通过 2000 年政府主持修建“千禧桥”，将 Battersea 发电厂改建成为泰特现代美术馆，按照 16 世纪的风格原貌重建环球剧院等举措，再加上时装与面料博物馆的开放与 South Bank 的各种节庆及艺术项目，如今的南岸成为一个充满魅力与活力的创意产业区。

伦敦的区域性精神体现在时尚方面，形成了多样化的街头时尚，象堡区及伦敦南部成为“泰迪男孩”（Teddy Boys）的聚集地，繁华的切尔西则出现了“青春贵族”，时尚的索霍区集聚着“垮掉的一代”。时装店在伦敦一些定位明确的区域步入鼎盛时期。卡纳比街、切尔西的国王路成为中产阶级的年轻女性追逐潮流的目的地；东区的红砖巷后起而勃发，发展为一个更加具有艺术气息的时尚地标。

DRAMA AND DRAMATIC

戏剧与戏剧性

伦敦人查尔斯·兰姆称赞自己的城市为“一出哑剧、一个化妆舞台……”道出了这座城市本质的戏剧性。

Drama and Dramatic
戏剧与戏剧性

◆ 夏洛克福尔摩斯博物馆，Baker Street 221B，摄于2010年

伦敦是盛大演出之乡，伦敦西区的考文特花园（Covent Garden）如今是世界知名的演艺市场，两三平方公里的地域范围内聚集有57家剧院，每年可上演数万场演出，成为伦敦创意产业的重要组成部分。

据内德·沃德的《暗访伦敦》记载，"表演！表演！表演……"是17世纪伦敦人群的叫嚷。中世纪的英国就有超过300部戏剧记录在案，以宗教剧与道德剧为主。16世纪起，街头艺人出演的历史情景剧、蛇皮鼓、骑木马、畸形人、木偶戏等各种表演开始在各种市集中出现，最著名的当属史密斯菲尔德盛会，该盛会被称为"圣巴塞洛谬"节。伦敦人查尔斯·兰姆称赞自己的城市为"一出哑剧、一个化妆舞台……"道出了这座城市本质的戏剧性。在狄更斯眼里，伦敦是"魔灯"，让他的想象力瞥见怪诞的戏剧和陡现的奇景。文艺复兴时期英国戏剧家威廉·莎士比亚（William Shakespeare）将英国戏剧推向了高峰，他为当时英国的舞台和观众而写作的大众化的戏剧悲喜交融、雅俗共赏，并作为使用早期现代英语的代表，广泛采用民间语言（如民谣、俚语、古谚语和滑稽幽默的散文等），语言表现丰富多彩，创作出许多经典作品，受到世界民众的喜爱。英国的戏剧故事常常改编于名人与政客的八卦传闻，英国著名政客、前伦敦市长、前外交部长Boris Johnson由于屡次出轨并对公众撒谎，他的桃色事件被英国《旁观者》的戏剧评论家改编成戏剧《谁

◆ 狄更斯博物馆与迷你剧院，摄于2010年

◆ Her Majesty' s Theater，摄于 2011 年

是爸爸》并于 2005 年 7 月在国王剧院首演，这种发生在身边的故事更能够引起观众的共鸣。

在考文特花园一带的广场中，每天都遍布着形态各异的演出者与贴近城市市井生活的表演，而就连以贫穷、暴力和肮脏著称的伦敦东区也自 16 世纪起就建造了两座伦敦最古老的剧场。伦敦街头表演与戏剧的传统依然延续至今，考文特花园由于剧院密集成为伦敦创意产业的集聚地。为给观众提供更好的体验，莎士比亚与几位演员共同出资建造环球剧场（Globe Theater），于 1599 年首次对外开放。1613 年，环球剧场被大火焚毁，但很快又被热爱戏剧的人们重建起来，剧院又于 1642 年被清教徒关闭。1987 年，萨姆·华纳麦克（Sam Wannamaker）成立莎士比亚环球信托基金会后，环球剧院开始了长达 10 年的重建工作。新建的剧院位于原址约 200 米处，极力地重现剧场最初的结构原貌。1997 年，环球剧院在英国女王的主持下正式开放，成为伦敦南岸一处鲜明的文化地标。除了传统的戏剧之外，许多与英国文学与影视作品相关的人物或故事也成为游客聚集的博物馆，如拍摄《哈

◆ 环球剧院，摄于 2011 年

◆ 在考文特花园（Covent Garden）一带的广场每天都遍布着形态各异的演出，有贴近市井生活的脱口秀，悬空的魔术，各式各样的音乐演奏，也常引来行人驻足观赏

利·波特》系列电影所使用的片厂如今成为哈利·波特博物馆，再现电影拍摄场景，展示电影拍摄时所用的服装和道具，并为游客提供骑上哈利的飞天扫帚或罗恩的飞行汽车的飞天之旅体验活动；坐落在贝克街（Baker Street）的夏洛克·福尔摩斯博物馆还原了福尔摩斯和华生医生合用的书房、福尔摩斯的卧室等故事场景，并陈列着一些小说中的著名人物的蜡像；查尔斯·狄更斯在1837年至1839年（作者最为多产的三年）居住的旧居也已经变为一处世界知名的博物馆（Dickens House Museum），收集着与《雾都孤儿》等广为流传的作品相关的展品。

◆ Russian Ballett，August Macke，1912

除了出演电影之外，英国当红演员同样精于通过戏剧打磨演技，并凭借自身的号召力为莎士比亚戏剧的传播做出了贡献。被中国观众称作“卷福”的本尼迪克特·康伯巴奇（Benedict Cumberbatch）自从开始演艺生涯起便几乎每年都有与电影作品相同比重的舞台剧与广播剧作品，最初，他在摄政公园露天剧场表演，其中包括莎士比亚的戏剧《仲夏夜之梦》《罗密欧与朱丽叶》《皆大欢喜》。2004年，康伯巴奇的戏剧舞台从摄政公园露天剧场转到艾尔美达剧场，并于同年开始在BBC电台出现，为广播

◆ 每年一度的诺丁山狂欢节（Nottinghill Carnival）是欧洲规模最大的街头文化艺术节，摄于2011年

剧《The Raj Quartet》配音。2005年，他登上了英国国家剧院的舞台。2011年，康伯巴奇在英国国家剧院出演了《弗兰肯斯坦》，与约翰·李米勒交替饰演Victor Frankenstein和Creature，并因此获得了由伦敦戏剧协会颁发的奥利弗奖（Laurence Olivier Awards）、伦敦标准晚报戏剧奖以及英国戏剧评论圈奖的最佳男主角奖。汤姆·希德勒斯顿（Tom Hiddleston）被中国观众根据谐音称为“抖森”，他毕业于英国皇家戏剧艺术学院（RADA）。2007年，希德勒斯顿参演伦敦西区剧院《辛白林》，并凭借辛白林一角获得奥利弗奖最佳新人奖；2013年出演当玛仓库剧院制作的莎士比亚悲剧《科里奥兰纳斯》的男主角科里奥兰纳斯，获得伦敦标准晚报戏剧奖最佳男演员奖。2010年，毕业于剑桥大学的英国演员埃迪·雷德梅恩（Eddie Redmayne）凭借舞台剧《红色》获得第34届奥利弗奖和第64届托尼奖最佳男配角奖。

据说，伦敦摄政街的弧度酷似圆形露天剧场，而特法拉广场、白金汉宫及牛津环线的壮观设计则被视为通俗戏剧的舞台背景：仔细想来，这座城市的旅游胜地与地标性建筑都充满了戏剧性。正如莎士比亚在《皆大欢喜》中写下的诗句“All the world's a stage”，世界是一座剧场，所有的男男女女不过是一些演员，而戏剧容纳了世间的一切，每个人都浸没其中。

由于戏剧在英国文化源远流长，与戏剧相关的设计，包括戏服与道具设计也成为装饰艺术中一门重要的分类。英国的维多利亚与阿尔伯特博物馆中专门有戏剧与表演（Theater & Performance）的收藏与展览，其中，有超过3500件舞台服饰与饰品。伦敦时装学院等时装类高校设有专门的戏服设计专业，为舞台表演与影视作品相关的服饰设计培养专业的人才。伦敦设计师约翰·加利亚诺（John Galliano）与亚历山大·麦昆（Alexander McQueen）均是当代时装设计师中最擅长戏剧化表达的代表人物，他们的时装发布会就像是一场场舞台剧表演。

20世纪60年代，当代最具影响力的英伦音乐家大卫·鲍伊（David Bowie）在事业起飞时结识了精神导师林德瑟·坎普（Lindsay Kemp）。坎普带领着鲍伊走进先锋剧院，了解艺妓的世界，带他领略哑剧的美妙，教会他如何用肢体语言去传达思想。坎普使鲍伊领略到日本国宝级歌舞伎大师、女形演员坂东玉三郎（Tamasaburo Bando）出神入化的表演，看他饰演的女性婉转动人，饰演的男性角色又霸气豪迈，超脱男女的性别差异。这些熏陶对于鲍伊个人风格的影响极大，使他最终将摇滚乐与戏剧、电影及舞蹈融为一体，塑造出深入人心的戏剧形象。

早期的Bowie喜欢将导演斯坦利·库布里克（Stanley Kubrick）电影中的角色融入自己的音乐，他的第一个虚拟角色Major Tom灵感来自1968年电影《2001太空漫游》，Bowie在专辑“Space Oddity”中塑造了迷失太空不得返回的宇航员形象。随后的Ziggy Stardust是鲍伊塑造的最成功的戏剧形象，讲述一个天外来客坠落到地球的故事，他失去了一切，只留给世人数首歌曲。鲍伊对于Ziggy Stardust的演绎将日本歌舞伎艺术、音乐、角色、故事情节与舞台情景融为一体，其视觉形象的大部分灵感同样来自库布里克的电影，1971年的《发条橙》。

“Ziggy大部分形象的灵感都是源自库布里克的电影《发条橙》，而且我觉得电影里的连体衣好看极了……我选择了那些非常华丽的，明亮而又柔软的材料，冲淡了这些服装给人的暴力的感觉，却仍然保留着类似于恐怖分子那种‘我们已经做好行动准备’的特点。我把有鞋带的摔跤靴换了颜色，使它们看起来鲜艳了许多……不同于Malcolm McDowell只有一边的长睫毛，我的两只眼睛都弄了长睫毛。”

此后，Bowie与Ziggy成为造就彼此、难分难解的共同体，将Ziggy奇异的戏剧化艺术形象渗入到音乐，渗入到个性化的表达，也渗入至70年代至今的时尚。

此外，伦敦的商场也擅长与戏剧跨界，将舞蹈与戏剧搬至购物场所中为顾客提供沉浸式体验，或以戏剧为灵感创作橱窗的装置。

◆ Jean Cocteau为Ballet Russe 1911 年在Monte-Carlo演出所设计的海报，舞者Nijinsky身穿"Le Spectre de la Rose"的服饰

Diaghilev and the Golden Age of the Ballets Russes 1909—1929

2010年秋天，V&A博物馆举办展览Diaghilev与俄国芭蕾的黄金年代：1909—1929讲述那位把俄国芭蕾舞剧推向世界舞台的演出策划人Serge Diaghilev的传奇一生。

在1909年至1929年这段时间，Serge Diaghilev作为俄国芭蕾舞剧团的演出主办人，使俄罗斯芭蕾舞风靡欧洲。他的演出掀起了西方艺术的革命，影响了整个20世纪西方文化的发展方向，为舞蹈、音乐、美学和设计带来了新的灵感。展览着重缅怀了谱曲家斯特拉文斯基和舞者尼金斯基，放映了《春之祭》、《火鸟》等舞剧在当年的表演，并将破旧不堪的演出服做成艺术装置。我从介绍中还得知尼金斯基曾是 Diaghilev 的情人。一幅立体主义风格的巨型舞台布景从天而降，设计者为大名鼎鼎的毕加索。毕加索还在一战期间为尝试革新的剧团设计了演出服，展出的那套剧目叫做“Chinese Conjuror from Parade”，是第一件体现了立体主义风格的演出服饰。20年代，芭蕾舞剧团在摩纳哥蒙特卡罗（Monte Carlo）赌场和伦敦的剧场频频演出，野兽派先锋安德烈德兰与马蒂斯，时装大师香奈儿均为剧团设计了演出服饰，并于此次展览中陈列。

然而在这个展览中，却几乎难以直接找到Diaghilev的影子：这位被媒体冠以诱惑者、独裁者、吹嘘者、传播丑闻者、爱出风头的人、狡诈的人、魔鬼等称号的人。他长居旅馆，没有什么私人物品，就连代表他形象符号的礼帽和歌剧眼镜都不是他

◆ Sergei Diaghilev 与他的标志性礼帽

◆ 展览现场图片，2010年，V&A博物馆。展览叙事将毕加索的舞台布景，香奈儿的舞台服饰设计，谱曲家斯特拉文斯基、舞者尼金斯基与法国设计师圣洛朗（YSL）等作品串联起来，不仅讲述了俄罗斯芭蕾舞的故事，同时展示了1909至1929年欧洲的艺术风貌，以及俄罗斯芭蕾舞对于欧洲艺术运动与时尚设计的巨大影响

◆ 法国设计师 Coco Chanel 为 Le Train Bleu 设计的舞台服饰，1924，现存于 V&A

◆ Nijinsky in Scheherazade，1912，摄影师不详

◆ 毕加索与舞台幕布画师，Théâtre du Châtelet，巴黎，1917，照片现存于 V&A

的私有物。展览快到出口的位置放着一个他的白色石膏模型。Diaghilev 不光活着时候传奇，就连死也很是离奇。他曾经对媒体说，如果可以选择死亡的地方，他希望是在水里。于是，他最终在威尼斯离世了。

War Horse：战马

有一段时间，我曾经住在演出“War horse”的新英国剧院隔壁。伦敦原本就是戏剧之城，Covent Garden 一带更是每个几步就有一座剧院。

当我告诉朋友 Ben 我的住址时，他问我，那你看过这个戏剧么？

我摇头。

他说，你一定要去看，这是我看过的最美的一个剧。那天我刚刚经历了漫长的工作，很疲惫地到了剧场。我坐在第一排的正中间。这个剧真的太美了。我看哭了。不是哽咽，而是嗷嗷大哭，不能自制。说着，他便附上了配音和表情。他说，坐在我旁边的中年男人见到我那样哭，有些不知所措。

直到我搬出那所公寓，才去看了那部剧。

走进剧院前，我完全没有做关于这部戏剧的功课。我对这部剧的内容、布景等一切都毫无概念。我甚至疑惑舞台上的马儿是否是真的马。

剧场很小。布景也很简单，精致而美好。第一只马儿被牵上了舞台的时候，我兴奋道，马儿原来是木偶！舞台上所有的木偶马都与实物一样大小。它们被技师牵着，像是真的马儿一样发出呼吸，喷鼻息和吃饭的声音。它们会走路，奔驰，甚至用后腿站立跳跃。他们在舞台上成了与真人演员一样丰富、真实的形象。

故事讲述的是男孩 Albert 与马儿 Joey 之间的情感。爸爸因为一时逞强把用来付房租的钱拿出买下了这匹马，从此 Albert 便成为它的伙伴。Albert 对着 Joey，摇着脑袋学它喷鼻息，Joey 也以同样的方式回应。Albert 说，从今天开始，我们就是好朋友了。他耐心地驯服小马，喂它食物，直到马儿长大。

不靠谱的爸爸在醉酒后与人打赌。他告诉 Albert，如果 Joey 不能驮着这一车货物走过那一段路，我们就要把它输给别人。可是所有人都说，Joey 是 Riding Horse，它根本不会驮货物。Albert 对 Joey 说，你如果做得到，我们就能永远地在一起了。Joey 为了主人，艰难地向前迈出了第一步，然后一步一步地走到了那条街的尽头。它竟然真的做到了。邻居们不可思议地说，这简直是奇迹！

一战爆发时，Joey 被卖给了军队，送往战场，与 Albert 分离。Albert 伤心欲绝。他说，如果 Joey 一定要上战场，那么我也去。他一定要去寻找它。尽管他还不到参军年龄，Albert 还是想方设法地去了法国的战场，寻找他的伙伴。

Joey 在为英国效劳的战争中，不幸离队被德军捉到，成了敌军的战马。在它长途的冒险行程中，有好心的士兵爱护它，也有凶狠的长官鞭打折磨它。Joey 与另一匹战马 Topthorn 成了朋友。当它们被逼着驮货物的时候，Topthorn 连连惊叫，Joey 却主动走了过去，温顺地俯下身子，艰难地驮起了一整车的货物。

士兵们赞叹，它可真是一匹好马。

这时，我看到前面的观众流泪，拿纸巾，擦鼻涕，甚至轻声哽咽。

战争中有无数匹马儿因为疾病和劳累死去。Joey 坚持到了战争的最后，然后独自迷失在荒无人烟的地方。它的主人 Albert 终于找到了它。

战争结束的时候，Albert 骑着 Joey 回到了家乡。

这是一部关于友谊的童话。一部以木偶为主题的戏剧竟营造了诗一般的视觉，召唤着观众进入它的世界，让人难以抗拒。最能够打动人的，原来是最单纯的情感。英国人冷漠的外壳下藏着细腻的感官，伦敦的市中心有一个雕塑专门纪念战争期间的动物们。

后来，这部木偶剧被搬上了好莱坞的大荧幕，木偶变成了真的马，虽然制作依然精美，却没有了小剧场表演的那股令人声泪俱下的力量。

NOSTALGIA
怀旧与复古

在英国，“复古”不单单只是时尚人士的穿衣风格，而是融入英国人日常的一种生活方式。他们愿意去猜测每一个老式物件曾经的主人与背后的故事，珍藏那个时代的印记。

◆ Bricklane 一带有许多 Vintage 商店，在此可淘到 Flapper 式样的帽子与 Gatsby 风格的裙装，也可以喝上一杯咖啡慢慢欣赏。有些服饰老板不舍得出售，只放在店铺展览使用，旁边还会放上标示使顾客趁早打消询问价格的念头。图片摄于 2011 年

Nostalgia ：怀旧与复古

英国人是一个怀旧的民族，这里的古董商店与二手服饰市场经历了几个世纪的繁荣。在英国，“复古”不单单只是时尚人士的穿衣风格，而是融入英国人日常的一种生活方式。他们愿意去猜测每一个老式物件曾经的主人与背后的故事，珍藏那个时代的印记。在古着重新成为时尚态度的今日，英伦的古着商店成为全世界时尚潮人淘宝的朝圣地，其中包括 Absolute Vintage，Rokit，Biltz，Beyond Retro，Pop Boutique 等商店。这里不仅出售真正意义上的古着，还有仿古风格的服饰。英国的古着通常有以下三种："Antique" 意为古董，特指具有 100 年以上历史的物品，包括新古典主义风格的家具、维多利亚时代的羽毛扇，古董蕾丝，男士礼帽等，在诺丁山一带较为聚集；"Vintage" 是较为常见的词，常见的款式包括 20 世纪 60 年代的迷你棉

布裙、50 年代的新女性风格以及 20 年代的“flappers”风格服饰等；“Retro”一词来源于拉丁文“PrefixRetro”，意为“回溯的”“逝去的”，一般指二战后到 20 世纪 70 年代的物品。

在当代时装中，尤其是 1990 年代后，英国最有代表性的设计师开始大量借鉴历史服饰，其设计灵感来源包括从乔治王风格、维多利亚风格到爱德华风格的服饰。通过向历史服饰致敬，并为传统民族服饰的元素赋予当代的诠释，英国时装设计师展现出对其民族性与独特风格的传承，基于本土文化资源的服饰设计在国际化的语境中脱颖而出，成为可被识别的文化符码，显示出对于民族身份的认同与骄傲。时装策展人、伦敦时装学院教授克拉克（Judith Clark）于 2005 年在 V&A 举办了名为“Spectres：当时装转向历史”的展览。展览中，克拉克揭示了当代时装与其历史的关联，通过引人入胜的图像描述了当代设计师时装主题与服饰历史中的常

◆ Rokit 是一家比较著名的 Vintage 商店，位于 Covent Garden，图片分别拍摄于 2010 年与 2017 年，可看出店面设计的升级

见主题之间的关联，例如异化，创伤，千变万化的幻景。她将前卫设计师亚历山大·麦昆、胡森·查拉扬、维克多与罗尔夫与知名化妆师帕特·麦格拉夫的当代作品与 V&A 及 MoMu 博物馆永久收藏的历史服饰并置，展示出当代时装与历史服饰惊人的类似。巴斯时装博物馆展览“乔治王时代的服饰”中将乔治王时代的宫廷裙与两件当代时装陈列在一起（知名英国设计师 Vivienne Westwood 与 Alexander McQueen 的作品），以此显示其时代服饰的重要意义，当代设计师对于其时代风格的致敬、传承与重新阐释。用地方性话语打破全球化的文化霸权，通过传承与创新使英国保持在世界文化的中心，这是英国人独有的文化自信与创造力。

◆ Upper Street 拐角有一个叫做 Camden Passage 的小巷，有餐馆、酒吧、Vintage 店铺，也有周末摆在室外的市集，这件二手头饰便是在周末市集上淘到的。摄于 2017 年

GENTLEMEN
英伦绅士的“男性气质”

如果说女性时装通过汲取男性服饰的元素一步一步地取得了“现代性”，而男性时尚则通过汲取女装的元素变得有趣了起来。除 Savile Row 的高级定制之外，最具代表性的英伦男装成衣品牌 Paul Smith 给男人穿上了彩虹色。

◆ 伦敦的 Vintage 商店与爱丁堡的 Antique Shop，摄于 2017 年

Gentlemen：
英伦绅士的“男性气质”

◆ Covent Garden 商店的橱窗，摄于 2017 年

一直以来，服饰都是揭示性别身份的明显标记。英国的当代时尚呈现出去性别化的特征，在英伦时尚的变迁过程中，“性别平等”不仅是女权主义者或女性一厢情愿的理想，而是男性与女性共同奋斗的愿景。他们提倡不论男女，每个人都应当充分享受平等权利，展现自己真正的样子。并不是男性就必须要坚忍、严肃，而女性就必须温柔、顺从，事实上，每个人都应该活成自己想要的样子，而不应该被束缚在性别与对性别的刻板印象之中。

电影《哈利·波特》中饰演赫敏的英国女演员艾玛·沃特森（Emma Watson）成为联合国妇女署亲善大使，发起女权读书会与“He For She”（他为她）运动，旨在号召所有人（包括男性们）参与行动，鼓励他们反抗遭到的性别上的不公平对待，进行改变。“He For She”不仅是一次女性发起的只为女性权益奋斗的运动，同样也是男

◆ 伦敦每年一度的 Gay Pride 大游行在古老的时装街 Regent Street 举办，游行时这条街道在警察的看管下有数个小时的交通管制，以支持这一年度盛会。LGBT 群体，包括女同性恋者（Lesbians）、男同性恋者（Gays）、双性恋者（Bisexuals）与跨性别者（Transgender）以及他们的支持者，他们盛装打扮，呼吁性别文化的多样性。除了 LGBT 组织之外，许多机构（包括警察）也会组织团体游行，成为尊重与包容的积极象征。图片摄于 2010 年

性的平权运动，在努力让女性接受平等教育、工作上享受同等待遇、法律上拥有同等权利的同时也在关心男性的感受，维护男性的合法权益。她认为，男人和女人都应该非常自由地去发表自己的情感，我们不应该说经常情感流露的男人就是娘娘腔，或者是说男人就不许哭；同样，女人也可以强大，可以去管理公司，可以去管理军队，可以去做所有男人能做的事情。"He For She"的运动得到了多位影星的积极响应，其中包括英国演员汤姆·希德勒斯顿（Tom Hiddleston），埃迪·雷德梅恩（Eddie Redmayne），在电影《哈利·波特》中饰演纳威·隆巴顿的马修·路易斯，饰演少年卢平的卢克·纽伯里等。

◆ 伦敦派对上盛装打扮的艺术家，摄于 2010 年

◆ V&A 博物馆时装区：London Contemporary Menswear 2012—2015，摄于 2017 年

英国近代以来，"男性气质"（masculine）并非仅有阳刚之气，而是经历了不同社会阶层之间的权力角逐，随着时代的变迁多线发展的。盖尔·比德曼（Gail Bederman）指出："从 1820 年代起，劳动阶级粗野男人身份提倡者嘲笑中产阶级男人气质是脆弱的、娘娘腔的，而高尚的中产阶级男性则反过来鄙视这种粗野的劳动阶级男性风气为粗糙、落后。然而到 1880 年代时，当维多利亚男人气质削弱的时候，很多中产阶级男性开始觉得这种粗野的劳动阶级男性特质极其具有吸引力。" 18 世纪中叶，参加大游行的上层社会男子形成一种特有的时髦，叫做"macaroni"，以明显的女性化与阴阳怪气著称，被认为是"花花公子"的前身。在 18 世纪末期至 19 世纪初期的英国出现了以 Brummell 为代表的"花花公子"（Dandy），绅士风格逐渐代替了昔日的贵族风格，英伦绅士的风格虽然不是通常意义上的充满"阳刚与粗野之气"，却也绝对不是娘里娘气，

这是一种简约、现代、精致、重视细节与修养的独特气质。从19世纪晚期至20世纪初期，底层无产阶级兴起，比德曼指出，随着最终“粗野的劳动阶级男性特质”登上历史舞台，这种“阳刚”的男人与硬汉的形象从此成为西方霸权性男性气质。与男性气质的变迁相似，服装对于性别标记的划分更加主观且处于变化之中，例如高跟鞋的发明者据说是以爱美而著称的路易十四，而后高跟鞋成为女性的专属，到了近些年，当男明星穿上高跟鞋或厚底鞋时却经常被认为是“娘”；在并不遥远的近代，粉色在西方国家被认为是红色的淡化，因而是属于男性的、强势的色彩，而我们今天对于粉色的态度却恰恰相反。

20世纪50年代末起，从伦敦掀起的“青年革命”到后来的嬉皮士等亚文化，年轻群体纷纷开始尝试对于性别、性取向与性别气质的多种探索，以打破父权阶级的单一话语。嬉皮士风格的男子穿着喇叭裤，女孩子却开始流行“男朋友”风格的夹克，带着阴柔与颓丧的男性气质逐渐被主流社会所接受，成为区别于传统阳刚气质的另一种美。其中，英国的时尚偶像们尝试了挑战传统与权威的另类装扮，他们的有些装扮逐渐演变为时尚，成为一代人的流行服饰；有些则过于惊世嫉俗，虽有别于大众的日常穿着，却可作为突破性的尝试被记载在时装的史册，时尚于他们而言是对性别态度的宣言。与美国好莱坞电影中所塑造的霸权式男性气质不同，英国当红偶像的长相、气质与装扮均显示出了更加多元化的特征并以打破性别常规的大胆尝试而著称。

大卫·鲍伊（David Bowie）不仅对于音乐影响深远，更是时尚的弄潮儿与时尚设计的灵感缪斯，他以难辨雌雄的造型将人们对于“性别”的思考提升到前无古人的新高度。鲍伊在1970年发行专辑《The Man Who Sold The World》的封面上身着由英国设计师Michael Fish设计的男性紫花裙装，从此，他开始展现出雌雄同体的外表。鲍伊斜倚在幽蓝冷艳的丝绒上，腰臀柔媚，卷发垂肩，前襟开敞，双腿微蜷，裙摆滑到了小腿处，蓝花盛放，露出黑色长靴。他将撩拨头发的性暗示与手中王牌的妖冶邪魅表演到极致。他神情严肃，妖娆乖张一览无遗，性感是他最强的武器，击穿了教条坚硬的石门。随后的 Ziggy Stardust 成为鲍伊最经典的艺术形象，在这一时期，他有无数惊艳的表达，但不变的是双重性别的主题与夸张的形式。鲍伊使用最艳丽的化妆品，日本粉底、印度染膏，还请日本歌舞伎明星 Tomasaburo 给自己上化妆课。舞台上的 Ziggy 难辨雌雄，妆容鬼魅。他提出一个问题："什么才是当代男性的新面貌？" 鲍伊化妆穿裙，受第一任妻子 Angie 鼓励，他们常常互换穿着，出双入对，将生活戏剧化。

20 世纪 80 年代，英国新浪漫时期最具号召力的流行偶像乔治男孩（Boy George）同样以男扮女装的形象惊艳歌坛。乔治男孩以深情的嗓音和中性的打扮而闻名，其 80 年代的音乐风格以灵魂乐为主，受节奏蓝调与雷鬼音乐的影响，1990 年后，他受到大卫·鲍伊与伊基·波普的影响，音乐风格以华丽摇滚为主。BBC 传记电影《乔治男孩》（Worried About the Boy）回顾了乔治男孩成名前不为人知的故事以及他和最好朋友玛丽莲（弗莱迪·福克斯饰）的同居生活。电影侧重描写乔治男孩与多位男性的感情纠葛，为他未来的一蹶不振做出注解，同时如实呈现了英国纸醉金迷的 70 至 80 年代。

英国演员埃迪·雷德梅恩（Eddie Redmayne）面容苍白，脸上布满细小的雀斑，有着浓郁的文

◆ "Hello, My Name is Paul Smith" 展览重现了 Paul Smith 的灵感、色彩、办公室与位于诺丁汉 Byard Lane 的第一家店铺，北京今日美术馆，2018 年秋

艺气息。他出演的传记电影《丹麦女孩》（The Danish Girl）讲述的是世界上最早有记录的变性人之一莉莉·艾尔比，他在妻子的鼓励下勇敢地接受了变性手术，成为了真正的女人。故事取材自20世纪20年代的真人真事，埃迪也凭借这部电影入围第88届奥斯卡最佳男主角奖。观众评论道，“小雀斑”扮演女人的神韵、仪态、肢体语言美得颠覆了人们的审美观，妖媚而不俗艳，虽不算是传统意义上的美女，但就是气质不可方物，魅力四射。另一位英国演员本尼迪克特·康伯巴奇（Benedict Cumberbatch）的女粉丝们戏称自己为“Cumberbitch”（康伯婊子），他回应道，我是一个女性主义者，如果你们作为女人不尊重自己，那么就不配当我的粉丝。于是，这些女粉丝就改叫了“Cumberpeople”。

“孔雀男”与“都会美型男”

英国著名90后男模特Ash Stymest《Vogue Homme》日本版创刊号的封面男孩而一夜走红，他登上英国前卫杂志《Dazed & Confused》拍摄2009年3月的封面时打造出雌雄难辨的形象，画上烟熏妆，抹上指甲油，烟视媚行，与女模Eliza Cummins一同混淆了性别的界限，而Ash Stymest也成为新一代“孔雀男模”的代表人物。

1994年11月15日，英国记者辛普森在《独立报》（The Independent）发表的一篇文章中提出了“metrosexual”这一术语，这一混成词汇由Metropolitan（大都市）和heterosexual（异性恋）组合而成，此外，sexual也可以被解释为“性别的”或“性征”，该词被直译为“都会美型男”。千禧年后，“metrosexual”成为全球流行的术语。2002年，辛普森在Salon.com上发表了一篇文章，给予“metrosexual”修订后的释义，并称贝克汉姆（David Beckham）是Metrosexual的模范代表（"the biggest metrosexual in Britain"）。由于全民偶像贝克汉姆是一个直男的形象，拥有完美家庭，因此许多人会认为“metrosexual”特指具有良好品位的异性恋。实际上，“metrosexual”并未特指某种性取向。辛普森认为，

“metrosexual”是指住在大都会中或常来往于大都会的年轻、富有的男人，因为这里具有最好的购物场所、会所、健身房与美发沙龙。他们注重外表与生活品质，热爱生活。“Metrosexual”可能是同性恋、直男或是双性恋，性取向并不是抱有这种生活态度的男人的最关键因素。此后，西方国家的时尚行业兴起了一股都会美型男的新浪潮，被称为“Metrosexual 现象”。

如果说女性时装通过汲取男性服饰的元素一步一步地取得了“现代性”，而男性时尚则通过汲取女装的元素变得有趣了起来。除 Savile Row 的高级定制之外，最具代表性的英伦男装成衣品牌 Paul Smith 给男人穿上了彩虹色。受野兽派画家马蒂斯启发，Paul Smith 使男人的衣橱不再局限于黑白灰，而是大量使用大胆的色块。在他之前，谁敢想象穿着高饱和度撞色西服或彩虹色条纹袜子的男士竟然会成为英国绅士的代表？

◆ 苏格兰风光：天空岛（Isle of Skye），2017

◆ 苏格兰风光：马尔岛（The Isle of Mull），2011

TARTAN
苏格兰格纹

苏格兰格纹作为现存历史最为悠久的面料元素之一，如今在时尚神话的操控之下，华丽逆袭为刺激消费的文化符号，并为几大代表性的英伦品牌注入最具识别性的品牌视觉元素，成为毫无争议的"英伦风格"代名词。倘若了解它的前世今生，你会再次惊叹，这个民族是多么善于顺应历史潮流，与时俱进。

◆ A man wearing tartan, John Thomas, 1875, 现存于 The National Library of Wales; Portrait of John Campbell of the Bank, William Mosman, 1749, 如今 Clan Campbell 家族的格纹为绿色。图片来自 Scottish Art, Duncan Macmillan, Mainstream Publishing Co. (Edinburgh) Ltd. 1990

Tartan：苏格兰格纹

如果说有什么时尚品牌的视觉符码能够代表国家或民族的形象，以苏格兰格纹（Tartan）为首要标识的 Burberry，Aquascutum，Pringle of Scotland，Daks 等英伦品牌自然是首当其冲。苏格兰格纹作为现存历史最为悠久的面料元素之一，如今在时尚神话的操控之下，华丽逆袭为刺激消费的文化符号，并为几大代表性的英伦品牌注入最具识别性的品牌视觉元素，成为毫无争议的“英伦风格”代名词。倘若了解它的前世今生，你会再次惊叹，这个民族是多么善于顺应历史潮流，与时俱进。

追溯苏格兰格纹的起源，我们会发现这小小的格子里竟能够讲述一部大英帝国的历史。从公元 5 世纪以不同纹样的格子来划分社会等级，英格兰与苏格兰的战争与和平以及通过禁止苏格兰人身穿格纹的文化镇压，再到今日格纹成为英国皇室的代表服饰与英伦设计师的灵感之源，苏格兰格纹经历了由春光乍现到别有洞天的漫长历程。

◆Highland Soldier，1744

◆ 身穿苏格兰裙的乔治四世：Portrait of George IV of the United Kingdom (1762–1830)，Sir David Wilkie，1829，现存于 The Royal Collection

社会等级

公元 5 到 6 世纪，苏格兰人民开始用不同纹样的格子来划分人的等级。到了 11 世纪，不一样的格子纹样在苏格兰地区成了区分不同氏族的标志。苏格兰各部落的战争中，身着不同格子纹样羊毛裙的战士们能够迅速清晰地辨别敌我。

苏格兰格子文化交融于英伦文化的过程也伴随着苏格兰与英格兰多年的恩怨情仇。1707年，苏格兰与英格兰合并后，身着传统羊毛裙的苏格兰战士为反抗英格兰人的统治多次爆发民族独立起义。在电影《勇敢的心》中，身着苏格兰裙战服的华莱士高呼“自由”而死。自由，在苏格兰历史上，不仅意味着争取民族独立不受压迫之“自由”，也意味着自由地穿民族传统服饰的“自由”。

◆ 身穿苏格兰裙吹风笛的街头艺人，摄于2011年，伦敦

文化镇压：英格兰与苏格兰的战争与和平

为了镇压苏格兰人民的起义，从1746年到1782年，英国政府采取严厉政策，禁止苏格兰高地的男人穿着传统的花格呢短裙。因为这样的措施破坏了苏格兰的传统文化，扰乱了他们的生活方式，因此在客观上反倒加剧了两个民族之间的融合。由于这一禁令并不适于苏格兰低地、高地女性以及高地军团的军人，苏格兰花格呢继续在苏格兰低地和英国的其他地方流行起来。低地的威廉·威尔逊公司在此看到商机，威尔逊为了满足低地人对格子服装的日益强大的需求，推出了许多新的图案，苏格兰格子的纹样种类和穿着范围都大大地扩展了，苏格兰纹也渐渐融入英格兰的文化。

◆ 身穿苏格兰裙吹风笛的男子，苏格兰天空岛，摄于2017年夏天

1822年，身着格纹装的英国乔治四世在访问苏格兰首府爱丁堡时受到了“苏格兰格子”

Scottish Mercenaries in the Thirty Years War，1630：这张图为现存记载最古老的高地裙装

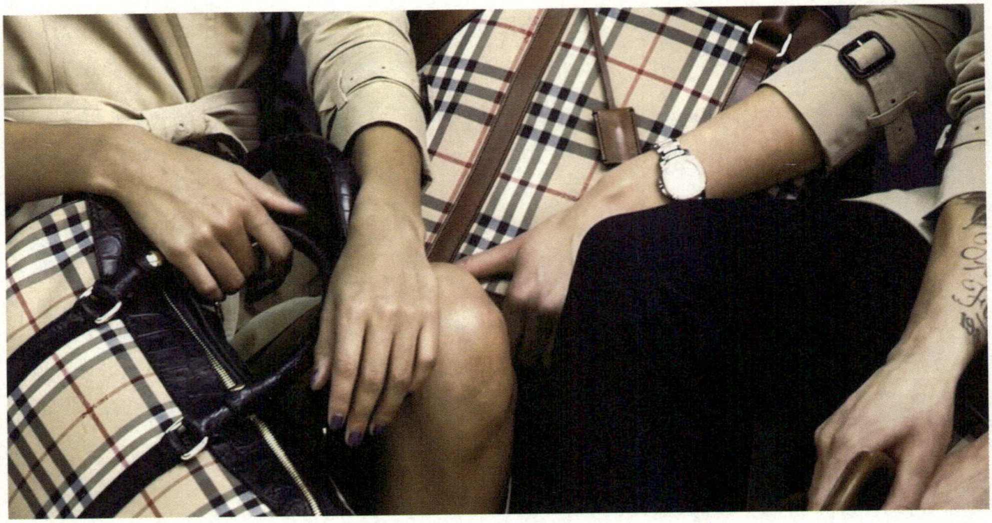

◆ Kilt：苏格兰裙底春光乍现

阵列迎接，他呼吁人们“让每个人都穿着自己的格子服装”。在乔治四世出访20多年后，维多利亚女王也亲临苏格兰，传统的苏格兰风笛和穿着高地格子礼服的王室成员接待阵仗使女王对苏格兰裙和格纹元素产生了浓厚的兴趣，从而带动了苏格兰花格呢在英国贵族中的流行，几乎所有名门望族都有了自己的专属格纹，苏格兰格纹真正具有了家族符号性意义。而到了20世纪，发迹的富豪或是有权势的人都可以到注册协会登记属于自己独一无二的格纹，这时被注册的格纹就达到了4000多种，其中很多样式是绝对私密的。如今在英国传统的节日和重大活动中，我们仍能看到王室身着苏格兰纹服装，男性王室成员仍保持着身穿苏格兰裙的传统。

苏格兰纹距今已有一千多年的历史，它仍然兼具最初的氏族“识别”功能而在世界范围内它更多的是英国的国家性符号，也就是英伦风的经典象征。在此意义之上，苏格兰格纹已经超越了它最初的文化价值。

苏格兰男人的格纹裙当属最有辨识性的服饰，充满着浓郁的民族风情，人们看到身着苏格兰格纹裙的男士总是浮想联翩，猜测它裙底下的风光。

在爱丁堡时，我问当地的出租车司机：你们的裙底下会穿内裤吗？

他哈哈大笑，指向远处几个身着Kilt的男人，说，你去问他们：“Are you a true Scottish？”他们就会掀起裙子给你看。

最初把这个情景带入公众视野的是电影《勇敢的心》，身着苏格兰裙战服的战士们整齐地掀起裙子，露出一片白花花的屁股，使人印象深刻，不禁猜测当代的苏格兰人们到底是怎么穿着裙子的。他们是最有男子气概的民族，人高马大，酿造出世界一流的威士忌，其民族服饰却是格纹裙装，这种看似矛盾的冲突着实有趣。

相传现居住在苏格兰、爱尔兰地区的凯尔特人最先开始使用条纹和格子织物，人们在打猎或者部落的信使去其他部落送信时，难免会在户外过夜，这时用羊毛呢百褶裙（Kilt）就可以当毛毯盖，具有实用的功能性。而这种羊毛百褶裙其实是一种由披肩和短裙组成的连体服装。根据苏格兰高地人们闲散的生活习惯（时而在山上睡觉，时而又横卧在花丛中），这种束腰披风十分方便舒适。

随着苏格兰与英格兰的合并以及工业革命的展开，英格兰人的工厂得以进入苏格兰，这时，束腰披风对于那些伐木工或者看管熔炉的工人而言穿着很不方便。于是，在 1727 年前后，商人汤姆·罗琳逊向裁缝提出了简化传统束腰披风的要求，把披风和短裙分离开来，再在裙子上打褶来改造束腰披风。没想到这个更简便的小短裙迅速风靡了苏格兰高地。仆人们身着短褶裙，忠实地跟着主人，成为当地社会的一景。在亚历山大·麦克唐奈尔的画像中，可以清楚地看到他旁边身着短褶裙的仆人。

关于苏格兰裙的演变众说纷纭，有历史记载早在也有历史记载表明，1624 年，苏格兰军队就以苏格兰短裙为军队制服了；1692 年，苏格兰人就穿着由两块宽布缝在一起，缠在腰上的短裙了，所以汤姆·罗琳逊显然不是苏格兰裙的发明人。

如今苏格兰裙作为传统服饰，英国人仍会在传统节日和重大场合上穿上

◆ Burberry 上海嘉里中心店面，赵后星拍摄于 2018 年 10 月

它。这裙底到底穿不穿内裤，民间有许多猜测。有一个传说是在300年前，在苏格兰高地的一次保卫战中，苏格兰部队的一个军官突然下令，让士兵脱掉内裤，只穿着短裙向对方进攻，这种做法恐吓到敌军使他们落荒而逃，从此，穿苏格兰裙不套内裤就被广为传开了。也有人说，是否需要穿内裤取决于天气、个人以及要出席的场合等，在跳舞时，如果穿有衬里的苏格兰裙，内裤似乎成了累赘；但是要穿没有衬里的毛料苏格兰裙，内裤就不可缺少，所以穿不穿内裤还是要根据实际情况来决定。

苏格兰纹与当代英伦时尚

“苏格兰格子是一种被编织组成两个或多个交替彩色条纹的设计，结合水平和垂直方向，形成重复的方格图案。”这是英国官方拟订的《苏格兰注册格子法》对苏格兰的详细定义。苏格兰纹运用横线和竖线不同粗细、相交方式，以及各种配色的组合，使得格纹在视觉上错落有致、平衡得当且变化多端。从维多利亚

◆ Burberry 1916 年刊登的报纸广告；Burberry 经典格纹配色

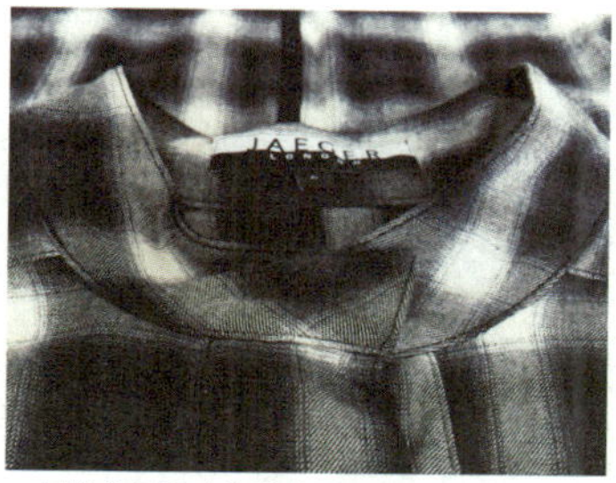

◆ 同样位于摄政街的英国品牌积家（Jaeger）也是优雅、老派的英伦代表，店铺中可见到格纹图案的衬衫

与爱德华时期开始，苏格兰纹面料的服饰就开始成为时尚，并从男性时装的重要组成部分逐渐走入女性的日常服饰。20 世纪后，随着苏格兰纹作为一种时尚元素渐渐在全球风靡起来，曾经用来区分社会等级与家族标识的格纹图案也演变为品牌独特性的视觉符码。英国历史深厚的本土品牌 Burberry，Aquascutum，Pringle of Scotland，Daks 等均以苏格兰纹作为品牌标志元素，不仅各具特色、相互区分，并共同树立起独特的英伦形象。

Burberry：Burberry Nova Check

说起英伦时尚品牌，恐怕第一个跃入人们脑海的便是博柏利（Burberry）。在人们的印象中，Burberry 的经典格纹已经成为比它的 Logo 骑士标志还要深入人心的品牌独特资产。诞生于 1856 年的 Burberry 当属全球最有名的以格纹著称的品牌，带有浓烈的英伦色彩。Burberry 于 1924 年注册的博柏利格纹（Burberry Check "Nova"）最初用于风衣的内衬上，这款堪称经典的格纹组合以米色底加上红色、驼色、黑色和白色线条，成为代表 Burberry 品牌最具代表性的视觉符号。1967 年起，Burberry 开始把 Nova Check 广泛地用在其他产品上，如雨伞、箱包和围巾，凸显品牌特征，具有极高的辨识度。

创建初期的 Burberry 研发出结实、防水、透气的斜纹布料华达呢（gabardine）并为其注册商标，专为当时的英国军官设计及制造雨衣和风衣，以无可挑剔的实用性与设计感被皇室指定为英国军队的高级军服，同时他创立了品牌的骑士形象的商业标志。随后，Burberry 为首位征服南极的旅行家罗尔德·阿蒙森（Ronald Amundsen）提供旅行服饰，凭借优良的品质闻名于世。随后，Burberry 陆续得到多个皇家认证：于 1955 年获得了由伊丽莎白女王授予的“皇家御用（Royal Warrant）”徽章；又于 1989 年获得威尔士亲王授予的“皇家御用保证”徽章。

直到 20 世纪 80 年代，Burberry Nova Check 一直是深受英国皇室与上流社会喜爱的时髦打扮，具有英伦贵族的气质。90 年代起，Burberry 成为深受足球流氓们欢迎的着装，而当时的 Burberry Lad 现象也使得 Nova Check 走向平民化，仿制品的盛行更使得Burberry 格纹成为伦敦街头随处可见的产品。此后，Burberry 的品牌形象在英国人心中一落千丈，直到品牌推出更具针对性的品牌线划分策略，以及新任创意总监的力挽狂澜。2001 年，年轻的克里斯托弗·贝利（Christopher Bailey）担任 Burberry 的创意总监后，重新诠释了经典的博柏利格纹，为其添加了新的色彩，创作出黑红相间的格子，并请英国著名模特儿 Kate Moss 和 Stella Tennant 为其代言，终于使一度处于低谷的博柏利（Burberry）迅速增长了销售额，重新树立起年轻潮流的品牌形象。

此后，Burberry 继续沿用年轻化与全球化的策略，勇于革新，将品牌经典元素与当下潮流结合。新任创意总监里卡多·堤西（Riccardo Tisci）一经上任便着手更改了品牌的视觉形象，删除了 Logo 上拥有 100 多年历史的骑士图案，将衬线字体改为柔和、圆润的无衬线字体，并在下方标注“LONDON”旁添加了“ENGLAND”；位于伦敦摄政街的旗舰店在视觉重塑后留有专门的房间来陈列复古格纹。

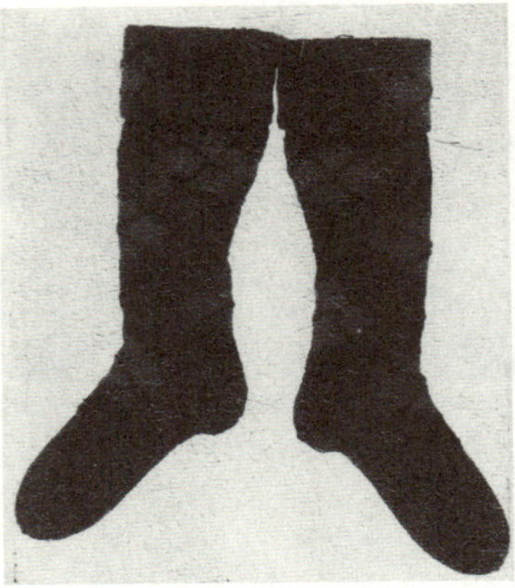

◆ 多色菱形花纹（Argyle）的设计灵感源自于苏格兰西部 Clan Campbell of Argyll 的格纹

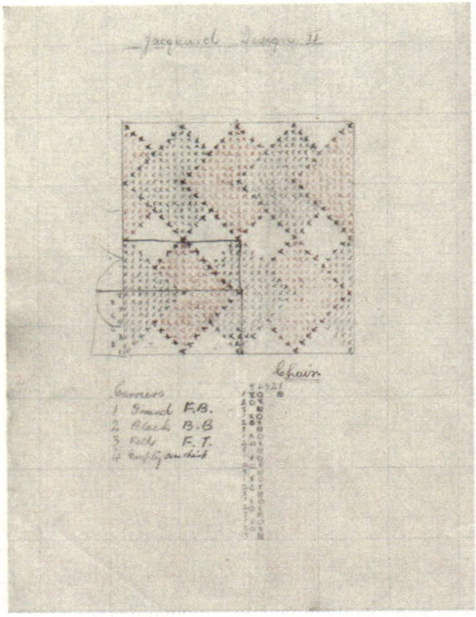

◆ 多色菱形花纹（Argyle）诞生于 1897 年，1920 年 Pringle 将格纹用于服饰的外观设计上

◆ Vivienne Westwood 纽约大都会博物馆藏品

Aquascutum：Aquascutum House–club Check

建立于1851年雅格狮丹（Aquascutum）是伦敦摄政街的代表性品牌，品牌在鼎盛时期与Burberry相似，深受英国皇室喜爱，其标志性元素同样是由战争期间军用大衣（trench coat）演变而来的经典英伦风衣与品牌标志性格纹。Aquascutum的格纹诞生于1976年，它的样式接近于维希格纹，称为“Aquascutum House–club Check”，是以杏色、蓝色、酒红格纹相间的配色，是品牌重要的视觉元素。虽然Aquascutum曾经是英伦复古情怀的象征，但由于一成不变的设计风格与接连的决策失误，品牌逐渐淡出人们的视线。

◆ Vivienne Westwood 纽约大都会博物馆藏品

Darks：Daks House Check

诞生于1894年的DAKS是伦敦一家历史悠久的高级时装店，以英式简约的剪裁、自然的线条与高级用料备受英国皇室的青睐，并陆续获颁三个皇家认证（Royal Warrant）：1956年的爱丁堡公爵皇家认证，1962年的英国女皇皇家认可证与1983年的威尔士亲王皇家认证。虽然该品牌在20个世纪的发展不及Burberry那般风生水起，但除了剪裁之外，DAKS的“英国性”同样体现在其标志性格纹上：1976年，Johnny Mengers设计出“Daks House Check”经典方格纹面料，以米、棕两色为主，辅以少量的黑色线条横竖交错而成，被广泛地用于服装与配饰上，彰显出内敛的贵族气质，随后更被延伸出多种格纹式样。

Pringle of Scotland：Argyle

由罗伯特·普林格（Robert Pringle）创办的Pringle of Scotland成立于1815年，至今已有超过200年的

◆ 库洛登战役，David Morier，1746

历史，成为世界上世界历史最为悠久的奢侈品牌。品牌起初是苏格兰的针织品制造商，20世纪初成为伦敦高级定制街 Savile Row 最炙手可热的时装屋，并且随着时代的潮流与时俱进，一直处于高级成衣的引领地位。不论世界如何变化，潮流如何变迁，Pringle 最有辨识度的文化遗产始终是其菱格纹图案。

多色菱形花纹（Argyle）源自苏格兰西部 Clan Campbell of Argyll 的格纹，苏格兰高地自从17世纪起就把格纹图案用于苏格兰裙、毛呢长披肩和袜子上，菱形钻石的隐喻更助长了品牌图腾的流行。20世纪20年代初，Pringle 为格纹面料加入了嵌花工艺，使其成为品牌标志性的“Argyle”格纹图案。这个格纹图案的设计被温莎公爵穿着后迅速成为当时最流行的服饰，也被认为是英国针织衫宝贵的文化遗产。从此，英国女王与她的母亲，摩纳哥王妃 Grace Kelly，Joan Crawford，Margot Fonteyn，Margaret Lockwood，Moirer Shearer 等皇室贵族与社会名流都曾多次穿着 Pringle 服饰。1955年，Pringle 羊绒衫两件套登上时尚杂志《Vogue》的封面。1956年，Pringle 被女王授予皇家认证。今天，菱形花纹依然是 Pringle 的服饰元素与贯穿整个系列的主轴，设计师通过将经典的格纹演绎出碎钻的效果、像素化创造等手段为其加入了创新的诠释。

格纹与朋克：习俗造就异端

由于苏格兰纹的服饰通常与贵族和军服相联系，它一度成为高贵与上层社会专属的时尚，因此，人们对于格纹曾经的印象为高贵、优雅的英国风格。20 世纪后半叶起，除了以上提及的高级时装屋依然保留着格纹与英伦的怀旧情结，新生代的设计师品牌通过打破传统，对苏格兰格纹进行大胆的创新，为格纹赋予了不同的文化意义与风格特色。Vivienne Westwood、Alexander McQueen、川久保玲（Comme des Garcons）等诸多著名设计师均尝试过给予经典的苏格兰纹个性化解读，使格纹变成一种风靡全球的街头时尚而大放异彩。

20 世纪 70 年代末，起源于英国的朋克发出挑战权威的声音，朋克时尚以挑衅的态度将苏格兰格纹作为服饰元素，通过解构性的设计与反叛的搭配使苏格兰纹与旧日的权威性与特权阶层专属性隔绝，成为一种反抗传统的标志。此后，苏格兰格纹成为所有阶层在日常场合均可穿着的服饰。

1988 年，朋克教母 Vivienne Westwood 最著名的代表作就是以苏格兰格子 Tweed 为主题，用格子的错位设计与其标志性的朋克风格相结合，奠定了品牌的调性；1994 年秋冬的秀场就像一场格子的盛宴，当时发布的一些经典套装被收藏于纽约大都会博物馆。格纹成就了 Vivienne Westwood，而 Vivienne Westwood 则把反传统、中性化的格纹变成街头时尚的一部分，赋予了苏格兰格纹全新的时尚意义。

出生于伦敦东区的设计师 Alexander McQueen 具

◆ House of Holland，摄于 Alter 概念店，上海，2013 年

◆ Alexander McQueen 2006 年秋冬发布会

◆ 川久保玲 2006 年春夏发布会细节

有苏格兰血统，他的作品体现出强烈的民族主义，其中，最著名的两个系列曾以苏格兰的两次战役为主题，将浓郁的苏格兰风情转化为充满现代感的设计。

McQueen 曾说："我对于苏格兰强烈的民族主义是由于我认为苏格兰并没有受到人们的公平对待。全世界都知道苏格兰风笛，然而没有人对此有所回馈。"

McQueen 1995 年秋冬系列"高原强暴（Highland Rape）"的灵感来源于 18、19 世纪詹姆士二世党人复辟运动与英军在高地上的"种族清洗"运动。发布会上的衣衫保持了精准的剪裁却又被撕裂得破烂不堪，支离破碎，风格激进；模特儿被殴打流血，美丽却又令人不安，有一种令人震撼的力量，引起了广泛的关注，也充满争议。麦昆在此系列中首次使用了苏格兰格子呢的元素，通过解构与重新设计为苏格兰格子呢这一传统的元素赋予了新的活力，花格呢有了年轻并且叛逆的色彩。

2006 年秋冬名为"卡洛登寡妇（Widows of Culloden）"的系列灵感来源于英格兰与苏格兰在历史上的最后一场惨烈的战役：库洛登战役，在这场战役中，约 2000 名高地士兵战死，卡洛登寡妇是指被英格兰政府军屠杀的苏格兰军属。在苏格兰高地的凛冽寒风中，模特儿们身着手工缝制而成的精美蕾丝走向死亡，营造出苍白、无助、忧伤的氛围，故事以凯特 · 摩丝（Kate Moss）的幻影结尾，苏格兰格子也相应地更加柔美、浪漫。

如今，风靡世界的苏格兰纹不再局限于英伦时装品牌，而是作为国际流行的时尚元素大放异彩。2006 年春夏的川久保玲（Comme des Garcons）发布会明显地在向 Vivienne Westwood 的宫廷系列致敬，以格纹的混搭与大胆的立体剪裁制造出朋克风与街头感，强调出设计师浓烈的个人风格。

在新晋英伦时尚品牌中，苏格兰纹不再彰显复古，也不再刻意叛逆。在 Le Kilt 与 House of Holland 的设计中，苏格兰图案成为更加年轻、随性的穿着。Le Kilt 是由 Samantha McCoach 于 2014 年创建的新锐品牌，品牌的名称一方面是对 80 年代 Soho 区一家传奇俱乐部的致敬，另一方面也代表了褶裙未开发的时髦潜力。Samantha 使用质地优良的英国羊毛面料，通过不同色彩的拼接将苏格兰裙演绎为更具有现代风格的设计，赋予短裙年轻与活泼的趣味。由先锋设计师亨利·荷兰（Henry Holland）创建的时尚品牌荷兰屋（House of Holland）更有伦敦东区的趣味，这位年轻的设计师以充满挑衅意味的标语 T 恤引来了大量的瞩目，在时尚圈迅速走红，并频频登上《Nylon》、《Teen Vogue》、《Dazed&Confused》等年轻的潮流杂志。他将格子玩出更加极端的自由性，把 Grunge 风格的格纹图案做成扎染、迷幻的效果，深受年轻女孩的喜爱。

亨利·荷兰（Henry Holland）的“标语 T 恤”（Slogan Tee）风靡一时，他拿著名的设计师和超模开涮，有趣又押韵，并不乏以“性”开玩笑的句子，其中最精彩的包括：

伦敦最当红的先锋设计师 Gareth Pugh 和 Giles Deacon 在发布会上分别穿上亨利·荷兰（Henry Holland）自创的设计师品牌荷兰屋（House of Holland）出品的“VHV Gareth Pugh”和“Get Your Freak On Giles Deacon”的标语 T 恤衫谢幕。

“Cause me pain，HediSlimane”；

“Harder，Harder，Miuccia Prada”；

“Do me in the park Marc"；

“Do me daily，Christopher Bailey”；

“I′ve never bored with Tom Ford”；

“Cum again，Christopher Kane”；

“Get your freak on，Giles Deacon”；

“I'll tell you who's boss，Kate Moss"

“I've got more than a handful for Naomi Campbell”

CITY & STYLE

叁 /

乔治王盛世时期的流行时装

GEORGIANS

乔治王时代的社会、文化与风格

18 世纪起，英国逐渐建立起世界霸权，成为世界大国，对外进行着武力扩张与海外贸易的扩展，对内实现了政治与经济的渐进式改革，率先发起工业革命，社会形态与思想文化也发生了翻天覆地的变化。

Georgians：乔治王时代的社会、文化与风格

18 世纪起，英国逐渐建立起世界霸权，成为世界大国，对外进行着武力扩张与海外贸易的扩展，对内实现了政治与经济的渐进式改革，率先发起工业革命，社会形态与思想文化也发生了翻天覆地的变化。

这一时期的英国时尚初步体现出了英国人对田园风格的偏好以及崇尚黑色的传统，尽管在当时黑色仅限于服丧的传统以及仆人们的打扮；英国男装率先体现出了现代性的特征，花花公子的时尚态度影响了后来英伦绅士与全世界男性几百年来的穿着；简·奥斯汀（Jane Austen）时代摄政时期的时装成为极具英国特色的服饰；德文郡公爵夫人（Duchess of Devonshire）成为全国追捧的时尚偶像。

18 世纪的英国被认为是贵族的世纪，随着君主立宪制的建立，君主的权利日益衰落，英国经历了从传统社会向现代社会的转型。 这一时期，英国的经济制度由晚期重商主义向古典自由主义过渡，被认为经济学鼻祖的亚当·斯密（Adam

◆ 在托马斯·庚斯博罗（Thomas Gainsborough）1748—1749 年的绘画《安德鲁夫妇》（Mr and Mrs Andrews）上可看出 18 世纪贵族有钱有闲的时尚享受：他们拥有大片的土地，安德鲁的帽子是伦敦花花公子中最时髦的款式：Kevenhuller Cock，他身穿狩猎夹克，狗与猎枪则暗示出当时贵族最为时髦的娱乐活动，安德鲁夫人身穿的蓝稠长袍与帽子受到工人阶级的影响，成为当时的流行。英国画家庚斯博罗的代表作品大都将肖像画的背景选在室外，描绘出 18 世纪中后期英国贵族的穿着与生活景象

Smith）于1776出版了《富国论》（*The Wealth of Nations*），开创自由主义经济学说，反对国家干预经济生活，并提倡自由贸易原则。亚当·斯密认为，一个国家的经济只有在最“自由”的状态下才能最好地发展，一切国家干预都会对经济造成破坏，只有“一只看不见的手”，即纯粹的经济规律不受节制地起作用，才能把这个国家引向富强。光荣革命后，英国有了宽松、平和的环境，为人们能够最大程度地发挥创造能力提供了政治与社会基础，也成为英国率先发起工业革命的先决条件。

18世纪下半叶，工业革命在英国兴起，其中，纺织业是最早进行技术变革的领域。除了生产工具的改进，生产组织形式也逐渐由原来的作坊、手工工厂、家庭工业制转向工厂制，而水利纺纱机的发明者阿克莱特是近代大工业的真正创始人，被公认为是工厂制的建立者。在英国近现代的经济史中，纺织手工业和基于纺织业的贸易一直占据着中心地位。随着服饰生产的工作效率大幅度提升，机器把往日的奢侈品变成寻常的日用品，服饰的价格变得低廉，曾经是奢侈品的棉纺织物也成了普通大众的消费品。此后，服饰遮蔽身体与防护身体的原有功能逐渐减弱，而其作为装饰的功用开始增强，现代时装被赋予变化与流行的特征。经济环境的变化、富裕资产阶级的兴起、炫耀性消费欲望的产生、政治要求，使得消费成为稳固社会地位的保障等因素成为高级定制兴起的背景，时尚由手工艺转变为现代工业。

频繁的战争加速了社会的变革，乔治王时代的世界经历了七年战争（the Seven Year’s War，1756—1763）、美国独立战争（America Revolutionary War，1775—1783）、法国大革命（the French Revolutionary

◆ 巴斯圆形广场（Circus，Bath），摄于2011年秋

◆ 巴斯时装博物馆设有互动区域，陈列不同时期的儿童服饰鼓励孩子们试穿，摄于2010年

◆ 1759 年开办的大英博物馆是新古典主义建筑的典型代表，图片拍摄于 2011 年

◆ Muslin Gown，1795，英国，18—19 世纪新古典主义风格的流行款式，摄于 V&A 博物馆，2011 年

了解更多乔治王时代的英国社会与文化：
https://www.bl.uk/georgian-britain

Wars，1792—1802）、爱尔兰叛乱（the Irish Rebellion，1798）、拿破仑战争（the Napoleonic Wars，1803—1815），英国除去美国独立战争之外，赢得了所有战争，进一步成为世界霸主。

在艺术与建筑领域，这个时期通常被称作乔治王时代（1714—1837），以当时的国王乔治一世至乔治四世命名，其中，摄政王子（Prince Regent）在还未继承王位的执政时期（1811—1820）被称为摄政王时代（Regency era）。这一时期英国的时尚与建筑也形成了独特的“乔治王风格”。

乔治王时代的英国由农业化社会向工业化社会转变，社会分化加剧，中间阶层日益壮大，呈现出由贵族、下层民众与中间阶层构成的三层式结构，工业资本家开始崛起；同时，英国的城市化进程加剧，随着火车时代的到来，贵族阶层开始了较为频繁的出行，而休闲城市则为上流社会独享。

在这个充满变革的时代，随着城市化进程加速与贸易的扩张，消费社会到来，流行文化也开始蓬勃发展。英国的宫廷文化日益衰落，俱乐部、咖啡馆、报刊开始兴起，人们的娱乐方式也发生了变化。此时活跃的文学家有英国现代小说的奠基人亨利·菲尔丁(Henry Fielding)，被誉为“科幻小说之母”的玛丽·雪莱(Mary Shelley)，以及描写英国乡村中产阶级的日常生活与田园风光的女性作家简·奥斯汀（Jane Austen）。

在思想上，启蒙运动蓬勃兴起，理性向权威提出挑战，提倡人性、平等、自由，西方社会变得世俗化与商业化，人们更多地关注日常生活，整体氛围更加文雅与宽松。这种现代的意识形态渗入到时尚中，使时装开始较大规模地成为一种自我个性表达的手段，关注自我（selfhood）。18世纪西方思想呈现出跨越国界的特征，英国与法国的思想家相互交流与影响，其中，卢梭（Jean-Jacques Rousseau）的自由哲学思想对于英国时尚影响深刻，英国出现专为儿童设计的服饰。长期以来，西方的儿童服饰都只是成人服饰的短小版，极大地束缚了儿童的自由活动，在卢梭自由思想的启发下，西方开始有了适合儿童自身特点的童装款式。

18世纪下半叶，英国的文化氛围受到新古典主义的影响，提倡自然、优雅的风格，服饰也摒弃了曾经华丽繁琐的巴洛克风格与矫揉造作的洛可可风格，变得自然风雅。新古典主义风格最早于1780年代开始流行，并在19世纪20年代趋于完善，提倡“渴望获得自身得以永存的法则、柔韧性和无限的变化能力”。英国的新古典主义建筑强调柔和、高雅、平衡，1759年开办的大英博物馆是新古典主义建筑的典型代表。

BATH FASHION GALLERY

巴斯时装博物馆

在乔治王时代，巴斯曾经聚集着英国最时髦的贵族。那时候的集会定义为"上流社会男男女女定期举行的常规会面，目的是谈天说地，互献殷勤，互通资讯和娱乐放松"。也就是说，巴斯曾经是上层阶级参加时尚派对的城市，它的时尚风气也由此而来。

◆ Silver Tissue Dress，一件来自于 17 世纪且保存完好的裙子，巴斯时装博物馆馆藏最古老的服饰，摄于 2010 年

Bath Fashion Gallery：巴斯时装博物馆

巴斯（Bath）是一座以“沐浴”命名的古城，其名源于公元 60 年左右，罗马人在此泡温泉和度假，由此可见英国在遥远的古代地位多么低微。1987 年，这一整座城市都被列入世界文化遗产，巴斯也是英国迄今为止唯一的世界文化遗产古城。如今，巴斯仍保存着非常完好的罗马式和乔治国王时期的建筑风格，是英国最重要的旅游目的地之一。

在乔治王时代，巴斯是英国最时髦的城市，聚集着王室与贵族。由于巴斯在 18 世纪越来越受欢迎，因此，人们认为有必要在时尚的上城区设置一个豪华的集会厅。于是，1771 年，新集会厅向公众开放了，这是由小约翰·伍德设计的建筑，通过公开认购筹资方式建成。现在，这个新集会厅成为世界著名的时装博物馆所在地，游客除了参观世界一流的时装藏品，还可以亲临保持着 18 世纪

◆ 古罗马浴池与巴斯圆形广场前身穿乔治王风格服饰的男子，摄于 2010 年

◆ 新集会厅（Assembly Rooms），巴斯时装博物馆。摄于 2010 年

原貌的舞厅、茶室、八角室和棋牌室。

巴斯时装博物馆是一座成立最早、具有世界一流馆藏的时装专业型博物馆，原是 18 世纪建成的豪华集会厅。时装博物馆成立于 1963 年，其馆藏涵盖从 17 世纪至今的丰富服饰与配饰，从莎士比亚时期刺绣精美的手套到当代时装。其中，几个具有代表性的展览为乔治王朝展、幕后展、乔装打扮展、手套展、日常服饰展、男装展与年度时装展。

◆ 巴斯上流社会的集会插画

在乔治王时代，巴斯曾经聚集着英国最时髦的贵族。那时候的集会被定义为“上流社会男男女女定期举行的常规会面，目的是谈天说地，互献殷勤，互通资讯和娱乐放松”。也就是说，巴斯曾经是上层阶级参加时尚派对的城市，它的时尚风气也由此而来。

除了上流社会的聚会，巴斯也是简·奥斯汀的故居。简·奥斯汀在此写出成名作《傲慢与偏见》，而她在巴斯的故居如今也成为对公众开放的简·奥斯汀博物馆，吸引着游客参观。

◆ 乔治王时期的服饰与鞋履，摄于巴斯时装博物馆，2011 年

此外，巴斯这座文化遗产古城从 2000 年起每年九月都会举办简·奥斯汀艺术节，将奥斯汀这位英国名人与城市历史更为紧密地联结起来。由于简·奥斯汀与巴斯的渊源，时装博物馆也会举办奥斯汀主题相关的展览与活动，其常设展中的幕后展会强调这一时期历史与奥斯汀的关联，博物馆也会举办以奥斯汀为主题的特别展览。2011 年，唐宁（Sarah Jane Downing）所著《简·奥斯汀时代的服装》（*Fashion at the Time of Jane Austin*）通过大量插画分析了英国时装的崛起，该著作在巴斯时装博物馆的大力支持下完成。1775 年奥斯汀出生时，世界正处在改革的边缘。美国独立战争的爆发预示着一个新的时代即将来临，在激进的思想与科技创新的背景下，旧时代的秩序被打破，世界在战争与冲突中重新建立起新的秩序。该书考察了从 18 世纪末至 19 世纪初，奥斯汀的成长时期所见证的英国服饰的巨大转变。

时装博物馆的展览本身就是对于时装历史的构筑。乔治王朝展（Georgians: Dress for Polite Society）陈列了30多套18世纪的全套服饰，包括保存完好的大裙摆宫廷服。从色彩，面料，款式，制造工艺等各个层面上来看，18世纪80年代至19世纪初都是英国服饰迅猛变革的一段时间。在展示历史服饰的同时，策展人同时介绍了当代时装设计师安娜·苏（Anna Sui）、密海姆·克希霍夫（Meadham Kirchhoff）、薇薇恩·韦斯特伍德（Vivienne Westwood）、斯黛芬·琼斯（Stephen Jones）和亚历山大·麦昆（Alexander McQueen）的设计，从中找寻乔治王朝的服装在当代设计中的延续性。

英国巴斯时装博物馆在主题展览“百件展品讲述时装史”（A History of Fashion in 100 Objects）中，通过展出100件选自博物馆馆藏的“明星”展品，为参观者展现了17世纪初至今的时装发展史。2017年的特别展览“时装中的蕾丝”（Lace in Fashion）通过展出50件历史珍品和设计师礼服，展示蕾丝从16世纪至今的演变、工艺和魅力。巴斯时装博物馆启动了一个两年项目来将其收藏的16世纪至今的蕾丝的档案编入目录。“时装中的蕾丝”展是这个两年项目的最精彩部分，获得了英格兰艺术委员会（Arts Council England）的支持。

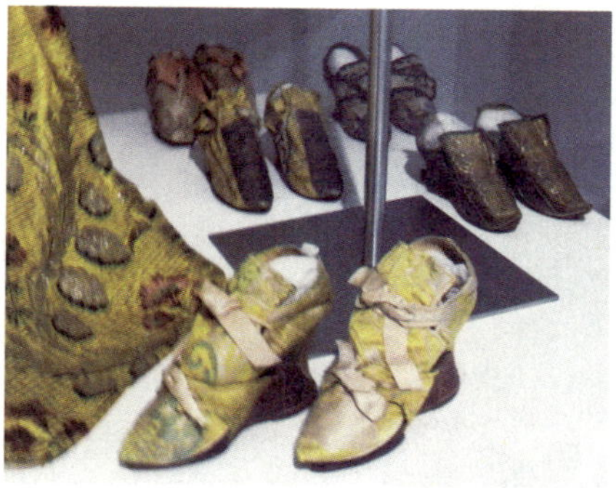

◆ 乔治王时期的服饰与鞋履，摄于巴斯时装博物馆，2011年

◆ 乔治王朝展（Georgians: Dress for Polite Society），巴斯时装博物馆媒体图片

博物馆曾举办的手套展、日常服饰展、男装展则从服饰的不同类别展示了时装的发展和变迁史。在乔装打扮展中，观众可试穿维多利亚时代的束身内衣和衬架裙，这不论对于城市中的观光游客，还是时装专家与学生来说，都是一次有趣的体验。其中，年度时装展陈列的是由时装专家挑选出的顶级当代时装设计师作品，每次展览都是年度时尚元素或社会潮流的精华，该计划始于 1963 年，至今已记载了逾 50 年的时装发展。

◆ 手套展与年度时装展，摄于巴斯时装博物馆，2011 年

THE ENLIGHTENMENT OF FASHION

现代时装的启蒙

时装的现代性首先体现在其视觉风格方面，社会思想与美学表达相互交融，时装由繁复变得简洁，代表着现代风格的开端。同时，这一时期的英国服饰终于摆脱了跟随欧洲，尤其是法国的地位，呈现出其独特的“英国性”。

The Enlightenment of Fashion:
现代时装的启蒙

1775—1795 年被西方时装历史学家公认为是现代时装的启蒙时期，也是英国服饰走向历史舞台的关键时期。启蒙运动、新古典主义、工业化与消费主义是这一时期的英国社会的关键词，并成为影响时尚的关键因素。这一时期，英国的服饰产生了迅猛的变革，在色彩、面料、款式、制造工艺方面都产生了与以往不同的新面貌。时装的现代性首先体现在其视觉风格方面，社会思想与美学表达相互交融，时装由繁复变得简洁，代表着现代风格的开端。同时，这一时期的英国服饰终于摆脱了跟随欧洲，尤其是法国的地位，呈现出其独特的“英国性”。

1995 年，里贝罗（Aileen Ribeiro）出版《时装的艺术：1750—1820 年英国与法国的服饰》（*The Art of Dress：Fashion in England and France 1750 to 1820*），该著作通过对于肖像画的考察，分析了 1750—1820 年英国与法国的服饰，认为时装与肖像反映了其时英法之间令人不安的敌对关系。里贝罗不仅用图像展现了该时期的时装风格，并进而考察了其背后的美学思潮、服饰交易的机制、人们对于时尚态度的讨论以及该时期的社会、政治、文化生活。1775—1795 年，对比英国与法国的时尚与肖像画，我们会发现法国女人更常穿着精致的宫廷服饰，色彩鲜艳，富于装饰性；英国服饰则简洁、实用，面料更加耐磨。显然，英国时尚不再跟随法国了，而是初步形成了自己的特色。如果用现代性的观点来审视其面料、款式与

◆ 1778—1793 年服饰对比图：从 1778 年到 1793 年的短短 15 年时间，法国时尚发生了翻天覆地的变化，曾经宫廷流行的繁复款式被简约的长裙替代

◆ 1742—1794 年服饰轮廓对比图：这张图展示了 1742—1794 年西方女性服饰轮廓的惊人对比，裙子宽大的轮廓变得简约而贴合身体，显示出强烈的现代性

◆ 从1775年英法时尚偶像的代表法国皇后玛丽·安托瓦内特（Marie Antoinette）与英国公爵夫人乔治亚（Georgiana, Duchess of Devonshire）的肖像画可观察这一时期英法服饰的对比。两图分别为：Portrait of Marie-Antoinette of Austria, Jean-Baptiste André Gautier-Dagoty, 1775, 现存于Palace of Versailles；Georgiana, Duchess of Devonshire, Joshua Reynolds, 1775-1776, 现存于Huntington Library, San Marino, U.S.

◆ Thomas Gainsborough, The Morning Walk (Portrait of Mr and Mrs William Hallett), 1785

风格，英国的服饰无疑体现出了更强的现代性与民主性。此外，英国像画更喜欢在室外则体现出了英国本土“田园文化”的传统。

回顾18世纪的肖像画，我们不难发现，英国的画像总是在室外，有着浓郁的田园风格，体现出了英国本土“田园文化”的传统。英国的18世纪被称为“贵族的世纪”，英国绅士更偏爱把宅邸建在乡村，建筑周围有一片广阔的原野，他们喜欢骑马狩猎，崇尚室外活动，并保留着地方自治的传统，在其领地上是拥有绝对权力的主人。这一时期的英国花园设计也不以再造自然为主，而以反映自然之美为主，体现出克制与理性的良好品位。其中，建于1729年的奇西克宅邸由伯灵顿爵士设计，是英式花园的特色代表。

在服饰方面，英国的男性时装率先表现出现代性特征。自从 1688 年英国旧制度被推翻，君主立宪制度逐渐建立起来，时装的风格日趋民主化。在新古典主义的影响下，男性摒弃了鲜艳的色彩与繁复的装饰，通过简约的样式以体现其"自然的男性力量"。英国男士身穿马甲和马裤，黑色丝线取代了以往的花边和丝带，衣着简朴且整洁。与此同时，精致成为女性服装的专属特质。

18 世纪的英国女性穿着长裙（gown），长裙的款式包括宫廷流行的"sack—back gown"，晚间穿着的"close—bodied gown"，以及早晨在家中穿的轻薄棉质"bedgowns"（也是劳动妇女常穿的服饰）。约克公爵夫人在怀孕时穿着的假胸兜成为流行，她在怀孕时把"巴黎垫子"从身体后面移到了前面，这种服饰改革从英国传到巴黎，大受少女和孕妇的欢迎。

◆ Shawls and Stoles，1800 年代，摄于巴斯时装博物馆，2011 年

◆ Woman's Robe à l'Anglaise Ensemble，England，1780 年代，现存于 Los Angeles County Museum of Art（LACMA）

英式晚装裙（close–bodied gown）

“close–bodied gown”又被称为英式晚装裙，在法语中称作“robe à l'anglaise”。它由曼托华的款式改良而成，长裙的后方的褶皱设计从肩部开始贴身缝制，由下半身开始垂落至裙摆，呈现出上紧下松的廓形。

◆ 印花棉质 Caraco 上衣与丝绸裙，1770—1790 年，英国制。现存于 Jacoba de Jonge Collection in MoMu Fashion Museum，Province of Antwerp

◆ 乔治王时代女装与配饰，摄于 V&A 博物馆，2017 年

上衣（caraco）

除去正式的裙装，这一时期兴起了一种较为休闲的上衣（caraco），这种上衣起初是工人阶层妇女的穿着，上流社会用更加昂贵的面料，将其修改为更加紧身的款式，逐渐在各个阶层流行起来。这种上衣起初是骑马的装扮，是效仿男式外套改良而成。

◆ V&A 博物馆馆藏 Vivienne Westwood 绿色丝缎华托裙，1996 年春夏季

◆ 巴斯时装博物馆馆藏 sack–back gown，1760 年代，英国制

华托裙（robe à la française）

18 世纪流行一种叫作‘sack–back gown’的长裙，在法语中称作‘robe à la française’。起初，这种长裙被认为是一种非常随意的服饰。到了 18 世纪 70 年代， sack–back gown 成为仅次于宫廷裙

的正式服装。长裙的胸口开得很低，用丝带装饰，后面的方形褶皱设计从肩膀部分开始垂落至裙边，其宽松的流线型设计可以巧妙地遮挡女性的曲线，使女性摆脱紧身内衣与鲸骨裙撑的束缚。

后来，人们以著名画家华托（Antoine Watteau）来命名这种宽松的方形褶皱设计与裙装，其背部的折痕被称为“华托褶”，这种裙子也有一个更为人熟知的名字“华托裙”。而我们今天常常提到的“华托裙”，更多则是指这种褶皱裙在19 世纪中期时重新流行起来的样式。

◆ V&A 馆藏 sack-back gown，1760 年代，英国制

◆ V&A 博物馆陈列的 18 世纪华托裙，摄于 2017 年夏

◆ MET 博物馆馆藏 Robe à la Française，英国制，1760－1780

◆ 身着华托裙的 Eleanor Frances Dixie 肖像，作者 Henry Pickering，1750—1755，现存于 Castle Museum and Art Gallery，Nottingham

华托（Antoine Watteau）

华托（Antoine Watteau, 1684—1721）是18世纪最具有代表性的一位法国画家，注重色彩与律动，虽然他是洛可可风格的代表人物，但后来的评论家认为他对于风景与氛围的处理已经表现出了印象派的特征。华托在英国的影响力甚至超越了法国本土，在英国的摄政时期，英国重新掀起了“华托热”，其追随者包括英国著名画家透纳（J.M.W. Turner）。华托的影响力并不局限于洛可可风格的绘画，而是涉及装饰艺术、服饰、电影、诗歌、音乐等各个艺术领域。由于在华托的画作中经常出现一种肥大宽松的长裙，其褶皱从肩部延展至后背，这种裙子被后人称作“华托裙”。

◆ L'Enseigne de Gersaint（细节图），Antoine Watteau, 1720

◆ Embarkation for Cythera, Antoine Watteau, 1717，现存于法国卢浮宫。

宫廷裙（mantua）

18世纪英国的宫廷裙有与法国极为相似的奢华风格，也有较为简洁的、田园风格的印花面料宫廷裙。乔治王时代的流行服饰对于当代时装也有显而易见的影响，知名英国设计师Vivienne Westwood著名的华托裙就是向乔治王时代服饰的致敬。

◆ V&A 博物馆馆藏英国 Mantua，1755—1760；1735—1740

◆ V&A 博物馆馆藏英国 Mantua，1755—1760，左图摄于 2018

◆ 巴斯时装博物馆馆藏英国 Mantua，摄于 2010 年

THE MACARONI

“花花公子”的前身

有一种动物，不男不女，没有性别，最近开始在我们当中出现（1770年）。

他们被叫作“macaroni”。

他们说话，却不表达任何意义；

他们微笑，却并不传达欢乐，

他们吃饭，却并无胃口，

他们骑马，却从不练习，

他们通奸嫖妓，却并无激情。

The Macaroni: “花花公子”的前身

Grand Tour

大约从1660年开始，英国上层社会的年轻人就有了大游行的传统（Grand Tour）。关于“大游行”，2008年的《纽约时报》是这么描述的：“300年前，富有的英国年轻人开始了到法国和意大利游历的传统，在此过程中学习艺术与文化，发掘西方文明的起源。他们有着贵族的关系网络，几乎不受预算的限制，委任艺术家作画，提升语言能力，并与欧洲大陆建立更为紧密的联结。”

◆ 漫画 The Macaroni：A Real Character at the Late Masquerade.，Philip Dawe，3 July 1773，现存于Lewis Walpole Library，U.S.

The Macaroni

到了18世纪中叶，参加大游行的青年男子形成一种特有的时髦，叫作‘macaroni’，他们也被认为是“花花公子”的前身。被称作macaroni的英国男子在游历欧洲后，醉心于异国的风俗，他们将国外的时髦与品位带回英国，尤其受到意大利服饰店影响，并添加了自己本土化的改良。Macaroni 的装扮起源于18世纪60年代，青年男子穿着紧身短裤，精致的鞋子，头戴巨大的假发与一顶小小的帽子。到了1770年，这种服饰如此流行且具有辨识性，以至于所有男士都可以装扮成“macaroni”的样子，以显示或假装自己曾经参加过大游行。

◆ 漫画：“What！Is this my son Tom？”，1774，R. Sayer & J. Bennett 出版

“Macaroni”超越了时尚的边界，过分招摇，并且以明显的女性化与阴阳怪气著称，引起大众强烈的反感，在历史上是一个臭名昭著的群体。

1770年的杂志《The Oxford Magazine》曾发表 Joseph Twadell Shipley 的精彩批判：

There is indeed a kind of animal, neither male nor female, a thing of the neuter gender, lately [1770] started up among us. It is called a macaroni. It talks without meaning, it smiles without pleasantry, it eats without appetite, it rides without exercise, it wenches without passion.

有一种动物，不男不女，没有性别，最近开始在我们当中出现（1770年）。

他们被叫作“macaroni”。

他们说话，却不表达任何意义；

他们微笑，却并不传达欢乐，

他们吃饭，却并无胃口，

他们骑马，却从不练习，

他们通奸嫖妓，却并无激情。

BEAU BRUMMELL

花花公子与第一位英伦绅士

如果说Dandys哪一点符合"花花公子"的翻译，那大概是他们对于外表与服饰的过分注重。1836年，Thomas Carlyle在"The Dandiacal Body"一文中写道："其他人是为了生活而穿衣，而他们生存的全部意义就是穿衣打扮"。

Brummell：花花公子与第一位英伦绅士

Dandy“花花公子”与我们通常所理解的字面意思不同，他们的穿着没有女人气，既不过分粉饰也不过分招摇，其简朴的打扮代表着英伦绅士的现代风格。在18世纪末期至19世纪初期的英国，Dandy或许是模仿贵族生活方式的中产阶级男子，而在法国，Dandyism则更像是一种政治宣言，年轻人通过穿着贵族风格的服饰以使自己与平民阶层“无套裤汉”区分开来。在他们的引领下，男人的服装开始变得民主化，绅士风格逐渐代替了昔日的贵族风格。如果说Dandy哪一点符合“花花公子”的翻译，那大概是他们对于外表与服饰的过分注重。1836年，Thomas Carlyle在“The Dandiacal Body”一文中写道：“其他人是为了生活而穿衣，而他们生存的全部意义就是穿衣打扮”。

"the others dress to live, he lives to dress……"

1836, Thomas Carlyle, "The Dandiacal Body", in Sartor Resartus

Dandy丢弃了传统社会中男人衣着上所有繁复的装饰：褶裥饰边，花边蝴蝶结，白色丝袜，装饰用的鞋扣环，三角帽…… 他们喜欢穿着纯白麻料的衬衫，在衬衫里打上宽领带，穿马靴，戴大礼帽，体现出英国乡村绅士的着装。1830年左右，时髦的绅士们引入紧身裤和短衬裤，并保留了裤子的衬垫和支撑物。Dandy服饰的配色极为单一，白天通常选择蓝色或绿色，晚上则穿蓝色或黑色。他们面孔干净，不再蓄须，剪短发。

◆ 1830年代的Dandys

◆ Beau Brummell 雕像，Jermyn Street，伦敦

◆ Brummell Dighton，1805，Brummell 最流传于世的一幅肖像画

在伦敦的时装街 Jermyn Street，有一尊博·布鲁梅尔（Beau Brummell）的铜像，以纪念这位具有传奇性的绅士改变了人们对于时尚的认知。

Beau Brummell 是活跃于摄政时期的英伦偶像，也是男性时尚的主宰者。他曾经是摄政王的密友，以英俊的相貌与独特的品位著称于世，他被认为是第一位英伦绅士，也被视为花花公子的先驱。Brummell 摒弃衣服上的多余装饰，穿着剪裁得体的定制服装，用深色外套搭配长裤（此前贵族男士流行短裤与长袜的搭配），衬衫一尘不染，里面系宽领带（cravat）。

Brummell 非常重视自己的形象。除去穿着之外，他洁癖的生活习惯也影响了当时的贵族阶层。这位公子每日认真地清洁牙齿，一丝不苟地修剪胡须，头发很短，不戴假发，坚持每

◆ Brummell 出席的社交集会：Almacks with Brummell，1865 年出版。据考证，图为 Beau Brummell 亲自绘制，印刷品现存于 British Museum

天沐浴，并且自诩身体洁净所以不再需要喷洒香水。据说，摄政王当时曾经在Brummell的洗漱间呆上好几个小时，以观察这位绅士清晨时的梳洗。

Brummell的传奇人生不仅仅在于他的衣服的品位与对外表的重视，这个人物的性格也符合了我们对于花花公子的设想。他曾经从军，又成为摄政王的密友，成为摄政王的被保护人，享受着特权阶级的生活，频繁出席当时社会上最奢华的派对，后来又因为毒舌和自负与摄政王分道扬镳。他挥霍无度，在欠下了巨额赌债后，为了逃避英国的牢狱而流落到法国，度过了最后的生涯。最终，他失去了对于时尚的兴趣，过上了衣冠不整、不施粉黛的日子，活在了对于往昔的回忆里。

◆ Brummell细密画，19世纪早期雕刻而成

◆ 由于Brummell剃须的习惯如此一丝不苟，这幅1917年的剃须刀广告也以他为榜样招揽顾客

◆ 1924年与1956年，Brummel的传奇人生被搬上电影荧幕。伊丽莎白·泰勒（Elizabeth Taylor）于1956年的"Beau Brummell"同名电影中饰演Brummel 还是军官时爱上的女子Lady Margery，电影的中文名称翻译为"浪子回头"

DUCHESS OF DEVONSHIRE

公爵夫人

她是英国黛安娜王妃的曾曾曾祖母，两位全民偶像相隔了几个世纪，却具有同样深远的时尚影响力与令人唏嘘的悲惨命运。

Duchess of Devonshire：公爵夫人

德文郡公爵夫人（Duchess of Devonshire），原名乔治亚娜·卡文迪许（Georgiana Cavendish，1757 年 6 月 7 日—1806 年 3 月 30 日）是英国 18 世纪最著名的时尚偶像，她的影响力可与法国路易十五的情妇蓬巴杜夫人（Madame de Pompadour）、路易十六的王后玛丽·安托瓦内特（Marie Antoinette）相提并论。她是英国黛安娜王妃的曾曾曾祖母，两位全民偶像相隔了几个世纪，却具有同样深远的时尚影响力与令人唏嘘的悲惨命运。

公爵夫人是一个活跃的政治参与者，那时的英国女性还未获取投票权，对她而言，时尚是女性唯一可用来表达自我与主张的办法。她被人津津乐道，怎么打扮都会立刻成为英国上流社会的时尚。她喜爱佩戴夸张的假发与奇异的帽子，在头发上洒香粉，头发常常高耸在上，用名贵的羽毛或树枝等奇怪的物品装饰。乔治亚娜生活奢华并以好赌闻名，即使她的丈夫是当时最富有的人之一，在离世后她仍欠下巨额赌债。

公爵夫人备受爱戴，也是当时被人们谈论最多的女性，报纸热衷于报道她的每一次公开亮相与公共活动。她举办的沙龙聚集了当时最有影响力的人物，其中包括威尔士亲王（后来成为乔治四世）、辉格党政治家查尔斯·格雷（后成为英国首相）、法国王后玛丽·安托瓦内特、墨尔本夫人（乔治四世的情人）等。

◆ 卡文迪许公爵肖像：5th Duke of Devonshire，William Cavendish，1768，现存于 Chatsworth House，England

◆ Portrait of The Duchess of Devonshire and her Daughter Lady Georgiana Cavendish (Little G)，Joshua Reynolds，1785，现存于 Chatsworth House，England

◆ Portrait of Georgia Spencer, Duchess of Devonshire, Joshua Reynolds, 1780-1781, 现存于 Chatsworth House, England

◆ Lady Georgiana Cavendish, Thomas Gainsborough, 1787, 现存于Chatsworth House, England

◆ Portrait of Lady Georgiana, Lady Henrietta Frances and George John Spencer, Viscount Althorp, 1774, 现存于Althorp, England

她谈论政治，支持辉格党与议会改革，提倡自由与平等，拥护启蒙运动。有传言称她曾以香吻来为查尔斯·詹姆士·福克斯拉取选票，漫画家托马斯·罗兰德森便以此创作了一幅名为《德文郡，最受欢迎的拉票方法》的讽刺漫画；她才华横溢，匿名出版的小说《窈窕淑女》（*The Sylph*）被多次印刷；她本人也被戏剧家理查德·谢里丹搬上剧院的舞台，成为《造谣学校》中起绒夫人的原型。

◆ Georgiana Duchess of Devonshire, Thomas Gainsboroguh, 1783, 现存于National Gallery of Art, Washington, D.C.

乔治王时代最著名的画家托马斯·庚斯波罗（Thomas Gainsboroguh）与约书亚·雷诺兹（Joshua Reynolds）都曾为德文郡公爵夫人画像并流传于世。她的传奇形象被多次搬上电影荧幕，其中最著名的是2008年由凯拉·奈特利（Keira Knightley）饰演的《乔治亚娜——德文郡公爵夫人》（The Duchess）；此外还有1929年伊夫林·霍尔饰演的电影《神圣的夫人》（The Divine Lady），1933年由朱莉叶·砍普顿（Juliette Compton）饰演的Berkeley Square等。

CITY & STYLE

肆

维多利亚风格与爱德华风格

VICTORIAN FASHION
维多利亚时代的社会、文化与风格

相较于男装的现代化，女装则经历了漫长的演变。当男人开始穿上西装的时候，女人却穿着束身衣和裙撑，用繁复的衣服和曲线彰显丈夫的财力。维多利亚时期的女性是历史上女性地位最低的一个时期。

Victorian Fashion：维多利亚时代的社会、文化与风格

◆ 图为 1856 年与 1860 年的 CageCrinoline；1885 年的 Bustle

英国维多利亚女王（Alexandrina Victoria，1819—1901 年）是历史上在位时间仅次于伊丽莎白二世女王的一位君主，她在位的时间长达 64 年。维多利亚女王在位的时期（1837—1901 年）被称为维多利亚时代，这个时期自由资本主义全盛发展，英国加大殖民扩张，成为历史上最强盛的“日不落帝国”，维多利亚女王也成为第一个具有“大不列颠和爱尔兰女王和印度女王”称号的女王，是英国和平与繁荣的象征。英国社会从政治、经济、思想艺术、生活方式等各个层面开始引领世界潮流，纺织业成为英国五大工业部门之一，英国时尚也形成独具特色的“维多利亚风格”。

在维多利亚时期，英国的经济与科技发展迅速，被誉为“世界工厂”，衣服的制造愈发便宜、快速，大众消费市场日益繁荣。1850 年起，缝纫机的大批量生产与合成染料的出现引发了服装生产的变革，缝纫机被称为“服装民主主义者”；紧接着，服装的标准制作样板也开始出现，钉纽扣与熨烫衣服的机器相继出现，加快了成衣生产的步伐。英国顺利完成了工业化，兴建大工厂，如曼彻斯特纺织厂，服装开始大批量生产。

◆ 图为 1856 年与 1860 年的 CageCrinoline；1885 年的 Bustle

工业化改变了英国的社会结构，英国传统的家长制关系开始松弛，转变为现代的阶

◆ 19 世纪初期服饰与帽子，摄于巴斯时装博物馆，2010 年

级社会。贵族的影响力逐渐式微，中产阶级兴起，他们的生活方式成为社会风尚的引领者，资产阶级的价值观也开始主宰社会的意识形态。城市化的生活方式渐成为主流，酒吧、咖啡馆、音乐厅、博物馆、图书馆等娱乐方式取代了以往的贵族俱乐部与社交季，中产阶级在生活模式、服装、文化、外貌等方面都在引领着社会潮流。维多利亚时期是自由主义的鼎盛期，中等阶级的意识形态是自由主义，而社会主义则保护工人阶级的利益。同时，浪漫主义运动在英国蓬勃发展，强调情感与个人体验。

在维多利亚时期，消费社会逐渐崛起，奢侈品成为社会等级的象征。印刷业的进步与时尚杂志的兴起使大众能够参与到高级时装的最新潮流中，大众消费市场日益繁荣，形成“商品文化”。服装开始由工厂生产后批发至商场经销，宣示着由新兴中产阶级引领的新的消费时代到来。百货商店与精品时装店相继开业，商业区与商业中心逐渐兴起，逛街成为人们的一种消遣活动。1825 年，由建筑师约翰·纳什（John Nash）设计的著名商业街摄政街（Regent Street）建成；1849 年，哈洛德（Harrods）的创始人将小杂货店搬迁至如今百货商店所在的地点，并于 1883 年大火后重建；1875 年，利伯提（Liberty）创建，并于 1924 年修建了百货公司如今的建筑；1884 年，如今著名的连锁品牌马莎百货

◆ 摄于 V&A 博物馆，2017 年

◆ 1840年代、1870年代、1880年代的英国服饰，摄于巴斯时装博物馆，2010年

（Marks & Spencer）也是从丽兹市场的货摊起家，发展为一便士连锁店，后又成为连锁百货商场；1909年，塞尔福里奇（Selfridges）在牛津街成立，成为英国时尚零售业的巨头…… 这些赫赫有名的商场与时装街在19世纪末期起便奠定了今日伦敦时尚的格局，同时，萨维尔街（Savile Row）发展成为以高级定制著称的时尚街区。

维多利亚时代的服饰有着性别、种族与社会等级的严格区别。对于上层阶级而言，这一时期的科技进步为服饰带来的变革尤其明显。新的技术改变了上层社会的时尚风格，使女人有了更加多样化的选择，新的印染技术使得衣服的颜色更加明艳。19世纪30年代，一种叫作"horse

chair crinoline"的衬架成为时代的标志，它原是戴在马鬃上的框架，后来发展为 24 个钢箍，相比此前的裙撑极大地方便了妇女的活动，但在英国只有上层阶级才可以穿着，因此被用来当作身份与财富的象征。1850 年代，一种人造的"cage crinoline"衬架使妇女不需要再穿层层叠叠的衬裙就能够达到宽臀的效果，而且更加健康。此外，中上层社会的妇女流行穿着低领的裙装，而劳动阶层的妇女却不被允许暴露过多的肌肤。

相较于男装的现代化，女装则经历了漫长的演变。当男人开始穿上西装的时候，女人却穿着束身衣和裙撑，用繁复的衣服和曲线彰显丈夫的财力，维多利亚时期的女性是历史上女性地位最低的一个时期。此时英国的家庭观念很重，家庭是道德的基础，而多生子女是完美家庭的象征。在这一点上，维多利亚女王做出了典范。这一时期的人们对性采取压抑态度，公开场合不可讨论，性快乐被认为是邪恶的。虽然 1857 年颁布了离婚法，但当时离婚只是道德错误的后果，与感情破裂无关。这一时期的女性属于家庭，中上层社会的女性充当"家庭天使"的角色相夫教子，而下层社会的女性则是家庭苦力，她们在工厂做工的薪酬不抵男性工人的一半，还要面对繁重的家务。这是一个全民时尚的时代，但也是妇女备受束缚的时代。

英国是女性主义最早发起的国家，但女性权利的获取进展十分缓慢。女性主义起源于 1792 年发表的《女权辩护》，南丁格尔（Nightingale）被认为是妇女解放的先驱；随后，潘克赫斯特（Pankhurst）夫人和她的两个女儿也相继成为女性运动的活跃者，推动了女性运动的启蒙。19 世纪中叶，中等阶级出现新女性，她们提高了政治觉悟与集体意识，并于 1897 年

◆ 1844 年的服饰插画，现存于 Nordic Museum，Sweden

掀起了全国性妇女选举权运动。但总体而言，妇女运动的进展非常缓慢，她们不仅在经济上依附于男性，法律也不承认已婚妇女有独立的人格与身份，在社会上属于服从地位。在这段历史时期，尽管世界发生着翻天覆地的变化，英国达到了强盛的顶峰，女性的地位却并未实现实质性的提升，女性着装被更加严格地束缚在了性别之中。

此前的英国女性尚被允许帮助丈夫或兄长经营家族企业，到了 19 世纪，性别身份比以往更加苛刻。维多利亚风格的服饰并不是为了实用，服饰的风格反映了当时妇女的生活方式与社会地位。上层社会的女性不需要工作，通常穿着紧身蕾丝胸衣，裙子有多层内衬，以繁复的刺绣与褶皱装饰。紧身胸衣坚硬无比，限制了女性身体的活动。中等阶级妇女是受歧视、受压抑的典型。上层社会妇女有抛头露面的机会，下层劳动者必须外出工作，只有中等阶级妇女是一种多余的人，是丈夫的摆设，没有社会功能，也没有独立性。中产阶级女性的服装风格与上层社会相似，但装饰物没有那么繁复。尽管她们的穿着极其繁重，毫无舒适可言，但其面料与层层叠叠的内衬是其财富的象征。1890 年代，紧身胸衣与裙撑被彻底抛弃，裙子自然地落在女性的腰线上。这种风格进而演化为钟形裙，使臀部显得更加紧翘。

维多利亚时期，戴帽子对男人和女人来说都是一种得体的礼仪，女性通常会有不同样式的帽子以搭配不同款式的衣服。

QUEEN VICTORIA
白色婚纱与黑色丧服

1840 年，维多利亚女王结婚时所穿的拖尾白色礼服与头纱惊艳全场，这一选择改变了西方婚纱的习俗，此后的西方新娘越来越多地选择白色作为婚纱以代表纯洁与童贞，白色婚纱逐渐流行，并于 20 世纪初开始成为西方婚礼约定俗成的传统。

Queen Victoria：
白色婚纱与黑色丧服

维多利亚女王和她的丈夫阿尔伯特亲王成为这一时期英国注重家庭的楷模。1840 年，维多利亚女王结婚时所穿的拖尾白色礼服与头纱惊艳全场，这一选择改变了西方婚纱的习俗，此后的西方新娘越来越多地选择白色作为婚纱以代表纯洁与童贞，白色婚纱逐渐流行，并于 20 世纪初开始成为西方婚礼约定俗成的传统。1861 年，阿尔伯特亲王的去世使得女王郁郁寡欢，她开始漫长的隐居生活，长期身穿黑色丧服，这不仅使得权利下移、完善了英国的君主立宪制，并且减弱了英国皇室和宫廷对于服饰的影响；相反的，维多利亚时代英国乡村中工人阶层的传统服饰逐渐进入人们的视野；同时，由于女王重视家庭与寡妇装扮的表率，这一时期英国寡妇身着丧服的传统愈发严苛。

◆ 维多利亚女王 1840 年身穿婚纱的画像，Franz Xaver Winterhalter 1847 绘制，最初作为赠予阿尔伯特亲王的结婚周年礼物。Royal Collection 收藏

◆ 维多利亚女王与阿尔伯特亲王在 St James's Palace 举办婚礼后的返程，1840 年，Hulton Archive，Getty images 收藏

◆ 英国维多利亚女王画像（Queen Victoria of England），Alexander Melville，1845，现存于 Friedenstein Palace，Germany

◆ 法国时尚杂志 1840 年，1851 年与 1870 年的婚纱礼服插画。维多利亚女王的白色婚纱不仅惊艳了英国，并且引领了包括巴黎在内整个欧洲的婚礼时尚

◆ The White Wedding 1840–1860，摄于 V&A 博物馆，2017 年

◆ 巴斯时装博物馆婚纱展，摄于 2011 年

◆ 1829 年与 1868 年白色婚纱，摄于巴斯时装博物馆，2011 年

◆ 1902，1910，1911 年白色婚纱，摄于巴斯时装博物馆，2011 年

Mourning Dress: 黑色与丧服

英国是一个热爱田园与印花的民族，却也是一个尚黑的民族。他们有身穿黑色丧服以缅怀逝者的传统，这一习俗对于维多利亚时期的女人尤为严苛。这一时期的女人需要为逝去的丈夫服丧长达四年，维多利亚女王自己也起到了表率的作用。阿尔伯特王子去世后，维多利亚陷入了深深的悲痛，她作为寡妇生活了 40 年，深居简出，并且她只穿黑色衣服，而温莎城堡王子的房间也一直保持着他离去时的样子。

◆ 黑色丧服 Mourning Dress，摄于巴斯时装博物馆，2011 年

穿黑衣的时间依据复杂的社会等级和与逝者的亲疏远近程度来决定，分为一级服丧、二级服丧、普通服丧与半服丧四个阶段，其服饰要求也有所不同。寡妇在一级服丧的阶段除了需要全身黑色，还需在外面裹上黑纱，佩戴寡妇帽，并且一定要有衣领。在半服丧的阶段，除了黑色之外，灰色、紫罗兰色、淡紫色也被允许穿着。值得注意的是，在维多利亚时期，女性虽然主动或被迫地穿着黑色丧服以缅怀逝去的丈夫，中上层社会的妇女却依然借此机会攀比财富，许多丧服非但不简朴，反倒非常时髦，华丽依旧。

维多利亚时期的黑色丧服成为英国哥特式恐怖文学与黑暗美学的灵感，英国代表性的哥特恐怖小说《黑衣女人》（*The Woman in Black*）描述的就是一位失去了孩子的母亲每日身着黑色，化身为鬼魂报复社会的故事，由英国哥特风格的女性作家 Susan Hill CBE 创作。这个故事先在伦敦西区的剧院上演，掀起了观看的热潮；后于 2012 年被搬上了电影荧幕，由詹姆斯·瓦特金斯执导，哈利·波特的扮演者丹尼尔·雷德克里夫（Daniel Radcliffe）主演。

维多利亚女王的服饰在历史剧中得到了很大程度的还原与重现。其中，由让·马克·瓦雷执导，艾米莉·布朗特、鲁伯特·弗兰德、米兰达·理查森联合主演的历史剧情片《年轻的维多利亚》（Young Victoria）于 2009 年在英国上映，该片以维多利亚女王的青年时代为背景，讲述了年轻的维多利亚与阿尔伯特亲王的爱情故事。虽然影片中的有些情节受到历史学家的质疑，但这部电影重现了维多利亚时期的服饰风格，戏服由著名电影服饰设计师桑迪·鲍威尔设计，该影片获得第 82 届奥斯卡金像奖的最佳服装设计奖。

PRINCE CONSORT
阿尔伯特王夫与世界博览会

这场伦敦水晶宫的世界博览会（The Great Exhibition of 1851）成为设计史公认的现代设计的开端。为回应工业革命所带来的影响，英国于1864—1896掀起了工艺美术运动（the Arts & Crafts Movement），将艺术的旨趣掺糅到大众的生活用品中，标志着现代设计时代的到来。

Prince Consort：阿尔伯特王夫与世界博览会

1840 年，维多利亚女王嫁给阿尔伯特王子，阿尔伯特对英国产生了极为重要的影响。在他辅佐女王的时间里，阿尔伯特在英国的政治生活中占有了无人可比的地位。1857 年，女王打破先例，给予他阿尔伯特王夫（Prince Consort）的尊号。在家庭方面，维多利亚和阿尔伯特生育了九个孩子，婚姻非常幸福，不仅为英国公众树立了理想家庭的榜样，奠定了这一时期的道德观念，也使英国皇室的形象变得更加平易近人。

由于阿尔伯特对自然科学与技术的兴趣，1851 年，他于伦敦水晶宫策划了世界上第一次国际性展览：世界博览会（The Great Exhibition of 1851），以展示百年来最伟大的成就，向公众介绍了全球各地的科技发明与工业成就，涵盖从原材料生产、机器制造、机械设计、机械制作以及在装饰艺术等各个方面所能生产的先进的样品，展现出科学和技术可以如何改善社会。这场盛大的展览共展出 10 万多种产品，吸引了全世界众

◆ 世界最大的装饰艺术博物馆 V&A 以维多利亚女王与阿尔伯特王夫命名，摄于 2017 年

◆ 展览手册的封面选用了 Frederic，Lord Leighton 的作品 Pavonia，1858–859，现藏于 Christie’s. Sir Frederic Leighton 的另一幅为艺术而艺术的代表作品为 The Bath of Psyche，1890

◆ 棉布印染图案 Strawberry Thief，英国，1883，现存于 V&A

◆ Kelmscott Press Colophone，1891

多的游客，取得了惊人的成功。阿尔伯特从展览获得高达 186000 英镑的利润，他把这笔钱全部用在科学与艺术上。他在肯辛顿购置了 30 英亩土地，建造了维多利亚与阿尔伯特博物馆、皇家科技大学与皇家阿尔伯特大厅。如今，维多利亚与阿尔伯特博物馆（V&A）依旧是世界上最具权威性的装饰艺术博物馆，它的成立为英国的设计教育奠定了坚实的基础。

这场伦敦水晶宫的世界博览会（The Great Exhibition of 1851）成为设计史公认的现代设计的开端。为回应工业革命所带来的影响，英国于 1864—1896 掀起了工艺美术运动（the Arts & Crafts Movement），将艺术的旨趣掺糅到大众的生活用品中，标志着现代设计时代的到来。工艺美术运动的领袖人物是英国艺术家、诗人威廉·莫里斯（William Morris,1834—1896），他提倡合理地服从于材料性质和生产工艺、生产技术和设计艺术的区分，认为“美就是价值，就是功能”。莫里斯有句名言：“不要在你家里放一件虽然你认为有用，但你认为并不美的东西”，强调功能与美的统一。以威廉·莫里斯为首的工艺美术运动不仅构建了人们对于“英伦风格”的印象，并影响了欧洲大陆甚至整个西方社会的现代设计，贡献并改善了我们今天生活的世界。2011 年，伦敦维多利亚与阿尔伯特博物馆举办前所未有的大规模展览“美的崇拜：1860—1900 年的美学运动”（The Cult of Beauty: The Aesthetic Movement 1860—1900），以回顾这一关键时期的美学

◆ Kelmscott Press Colophone，1891

◆ Brooklyn Museum 馆藏 William Morris 公司图案样本，第 25 页、29 页、127 页

成就。

威廉·莫里斯在装饰艺术领域尝试过许多产品的设计，从墙纸、瓷砖、平面、家具到面料设计。1875 至 1880 年，莫里斯对面料的设计与生产工艺有了浓厚的兴趣，他通过自己的公司 Morris & Co. 与 Hencroft Works 负责丝绸印染的 Thomas Wardle 展开了紧密的合作。莫里斯对于面料印染的态度与自己的美学观念一致，他拒绝当时流行的化学苯胺印染，强调应该回归到有机印染，比如使用槐蓝属植物印染靛蓝色，用胡桃木染印棕色。也正是通过这一时期在工厂的工作，他的兴趣点不再局限于美学，而是逐渐转向于政治，开始通过设计的生产与言论挑战社会制度。有趣的是，莫里斯虽然想要为劳动阶级设计理智而丰富的生活模式，但事实上，他所生产的产品只有富裕的中产阶级才能购买得起。

1861 年，阿尔伯特王子英年早逝，大英帝国的许多城镇都树立起纪念他的公共纪念碑，也有许多地方、建筑甚至奖章都以他命名。其中，最引人瞩目的便是伦敦的阿尔伯特纪念碑（Albert Memorial）。这座纪念碑由维多利亚女王授权建造，位于肯辛顿花园（Kensington Gardens），在皇家阿尔伯特大厅的正北方向。此外，还有四只英军部队也以他的名字命名：阿尔伯特亲王的第 11 轻骑兵队（Prince Albert′s Own 11th Hussars），轻步兵团（Prince Albert′s Light Infantry），莱斯特郡骑兵团（Prince Albert′s Own Leicestershire Regiment of Yeomanry Cavalry）以及来复枪旅（The Prince Consort′s Own Rifle Brigade）。在他死后，关于他的传记也陆续出版，其中最为详尽的是由维多利亚女王授权和监督，西奥多·马丁撰写成五卷巨著。

BESPOKE
高级定制与吸烟装的兴起

英国的高级定制以其独特的“英式剪裁”与“西服定制”著称，结合当时贵族服装与军服的特点设计而成的西服套装成为现代西装的雏形，奠定了后世男士服饰的基本风格。

Bespoke：高级定制与吸烟装的兴起

1855年，量身剪裁的高级定制开始出现，并且引领了此后数年的流行。英国的高级定制以其独特的“英式剪裁”与“西服定制”著称，结合当时贵族服装与军服的特点设计而成的西服套装成为现代西装的雏形，奠定了后世男士服饰的基本风格。萨维尔街（Savile Row）在19世纪发展成为以高级定制著称的时尚街区，聚集着伦敦顶级的裁缝们，成为全世界西服定制的典范。高级定制“bespoke”的术语就是源自萨维尔街的裁缝们，特指手工剪裁和制作的西装。

除了剪裁与定制的传统，英国的高级定制因皇室的光顾而具有更为深远的影响力。19世纪60年代，一系列精致的男式服装以威尔士王子（之后的爱德华七世）命名，如威尔士外衣、威尔士披等，这种风格在后来被称为爱德华风格，当代英伦绅士的许多西服也是由爱德华风格改良而成，成为萨维尔街最具有代表性的风格。其中，威尔士王子所穿的吸烟夹克（smoking jacket）更是成了现代时装的经典样式。

Smoking Jacket：吸烟装

1860年，伦敦萨维尔街（Savile Row）的老牌裁缝店Henry Poole & Co为威尔士王子制作了一件用于在桑德灵厄姆的非正式晚宴上穿着的短款晚礼服，以一件无尾蓝色丝绸夹克搭配长裤，这种吸烟夹克（smoking jacket）随后在英国与美国迅速风靡。

17世纪起，印度，亚洲和美洲的物品开始流入欧洲，为他们带来了香料、烟草、咖啡和丝绸。穿着丝绸礼服或者长袍当模特被画成肖像成为一件流行的事情。短款吸烟夹克很快就从这些丝绸长袍演变而来。当19世纪50年代的克里米亚战争给英格兰带来了大量土耳其烟草时，吸烟也越来越受欢迎。晚餐后，一位绅士可能会穿上吸烟夹克然后回到吸烟室，穿夹克是为了吸收雪茄或者烟斗的烟雾，并且能防止烟灰掉在衣服上。

吸烟夹克起源于男人在抽烟时尤其是抽烟斗或者雪茄时穿的长袍。效仿威尔士王子（后来的爱德华七世）的从吸烟夹克演变成的连同套装的晚礼服，其实是没有燕尾的正装。

经典款吸烟夹克是用丝绒或丝绸或两种材料一起制成的长度到大腿的夹克。它有一个披肩领和翻边袖口以及肘扣或纽扣，或者可能直接用一条松紧带来固定。在 19 世纪 50 年代，伦敦绅士杂志将吸烟夹克定义为一种“用丝绒、羊绒、长毛绒、美利奴呢绒或印花法兰绒，色彩明亮，有橄榄色或大纽扣的中长款罩衫”。

在 19 世纪 60 年代，户外运动在英国的中上层阶级中越来越受欢迎，使得休闲式西装也更加流行，作为替代在城里穿的更正式的传统西服的套装。人们也寻求用来每天晚上穿的正式燕尾服（当时称为燕尾服）的替代品。

最早的燕尾服外套是用同样的黑色材料做成的，而晚礼服只有一个或两个纽扣或者根本没有纽扣，并且它的披肩领表面是用缎面或罗纹丝绸做的。到 20 世纪之交时，尖顶翻领同样受欢迎，并且一颗纽扣的模式已成为标准。当裤子与夹克一起出售时，它们所用的材质是相同的。爱德华七世时代的花花公子们往往选择牛津灰色或非常深的蓝色作为晚上穿着的衣服颜色。到第一次世界大战之前，灰色选项已经不再受欢迎，但“午夜蓝”则变得越来越受欢迎，但在 20 世纪 30 年代中期流行色又变成了黑色；覆盖在裤子明线上的那根编织条纹的式样起初偶尔有些变动，但在 20 世纪 30 年代成为裤子的标准装饰物。此时，双排扣夹克和白色夹克在炎热的天气中成为流行的穿着。

在 1886 年，一位来自纽约塔克西多帕克的 James Potter 先生访问了伦敦，他是在伦敦为布朗兄弟工作的商人银行家，随后被王子邀请去桑德灵厄姆共度周末。他还被告知可以穿由王子的裁缝 Henry Poole & Co 制作的 smoking jacket。当 Potters 回到纽约时，Potters 先生骄傲地在 Tuxedo 俱乐部穿上了他的新 smoking jacket，然后其他成员很快就开始给他们自己做这件衣服的复制品，用来参加俱乐部“单身”晚宴时作为非正式服装穿。起初标新立异的年轻人们穿着这种夹克去那些严格正式的聚会，也导致美国企业很抵制这种夹克。直到 1888 年，上流社会才接受它并将其作为一个夏季和非正式的晚间替代品，在此时它变得非常受欢迎。而这种晚宴外套在美国以燕尾服或晚礼服的名字而闻名，演变为今天的“Tuxedo”，常用于在婚礼、庆典、舞会、毕业舞会和巡游之夜等场合。Jon Pertwee、Cary Grant 与 Fred Astaire 等在内的社会名流甚至穿着吸烟夹克下葬。自 20 世纪 50 年代以来，吸烟夹克的流行度下降，但是仍有少数人喜欢穿着，花花公子大亨 Huf Hefner 就是一个典型例子。在许多欧洲国家，比如法国、意大利，“吸烟装”表示无尾礼服。

“吸烟装”不仅是男性服饰现代性的代表，也成为女权运动的一大标志，被称作是赋予女性权利的服饰。1966 年，法国时尚大师伊夫·圣洛朗（Yves Saint Laurent）以 19 世纪 30 年代的女星玛琳黛德丽（Marlene Dietrich）在电影《摩洛哥》中身穿亮缎吸烟装，头戴高筒男士礼帽，手拿一支烟的装扮为灵感，创造出划时代的设计：吸烟装（Le Smoking）。圣洛朗所命名的法语吸烟装“Le Smoking”虽起源于维多利亚时期的吸烟装，却有着截然不同的气质和演绎。

当女性穿上以男性吸烟装而演变的修长西服，阔腿裤或加长的紧身铅笔裤，搭配粗跟高跟鞋和礼帽，保留了女性身材的曲线展现出犹如一支纤长香烟的 I 形轮廓，这种妩媚与干练杂糅在一起的形象挑衅着性别的边界，使女性看起来强势、冷傲却不失优雅。Le Smoking 推出时恰逢性解放运动轰轰烈烈的 20 世纪 60 年代，这款叛逆的套装一经推出，便受到时尚名媛的追捧；但它真正成为主流时尚却比男性的 Smoking Jacket 曲折许多。20 世纪 60 年代末，前香奈儿模特儿、圣洛朗的灵感穆斯贝蒂·卡特鲁（Betty Catroux）开始穿着吸烟装出席多种场合；圣罗兰的好友、纽约名媛南·肯普纳（Nan Kempner）身着吸烟装走进高档餐厅时曾被服务员拒之门外，服务员称她的裤装是“下流而且不合时宜的”。1971 年，纽约最负盛名的夜店 Studio 54 女王比安卡·贾格尔（Bianca Jagger）真空上阵，身穿圣洛朗白色吸烟装外套出现在她与英国滚石乐队主唱米克·贾格尔（Mick Jagger）的婚礼上，成为最具时尚话题的新娘。1975 年，《Vogue》杂志法国版的时尚摄影大师 Helmut Newton 在巴黎 Rue Aubritot 的街口拍下了圣洛朗吸烟装女郎的照片，成为时尚史的经典。此后，吸烟装逐渐进入女性的衣橱，并随着时代潮流演变出不同的风格与搭配，成为男女均可选择的日常装扮。

CHARLES FREDRICK WORTH

高级定制之父沃斯

他首创了利用模特儿走秀来举办新品发布会的模式，开创了推出整套季节性服装（collection）的先例，并将自己的商标缝制在衣服上，颇具品牌意识与市场营销的远见卓识；他的试衣间垂挂着黑色丝绸布，恰到好处的灯光设计营造出一种盛大舞会的氛围；他的时装屋名流云集，成为一个时髦的社交场所。

Charles Fredrick Worth：高级定制之父沃斯

◆ 沃斯时装屋不仅是量体裁衣的工作室，更成为巴黎上流社会女性的社交场所。图为House of Worth，7 rue de la Paix，Paris，1894，刊登于The Strand Magazine

英国服装设计师查尔斯·福尔德里克·沃斯（Charles Fredrick Worth 1825–1895）是高级定制的鼻祖，他创建了沃斯时装屋（House of Worth），引领了维多利亚时期与20世纪初期的时尚潮流，并以许多开创性的举措与商业模式掀起了时尚产业的革命。

这位具有创新观念的设计师改良了19世纪的服饰，使其更易于穿着，其中最经典的设计是对裙撑的改革。起初，他使裙撑变得更窄，重心移到了后部，

◆ 欧洲最具影响力的时尚偶像拿破仑的妻子欧仁妮皇后与奥地利皇后伊丽莎白成为沃斯绝佳的代言人，她们成为沃斯的顾客之后又将这位来自英国的时装设计师介绍给维多利亚女王，使他的时装屋在英国上层社会中流行起来。图为身穿宫廷服的欧仁妮皇后：Empress Eugénie in court dress，Franz Xaver Winterhalter 绘制，1853，现存于Musée d'Orsay；身穿镶嵌有闪耀钻石的舞会裙的奥地利皇后伊丽莎白：Empress Elisabeth of Austria in Courtly Gala Dress with Diamond Stars，Franz Xaver Winterhalter 绘制，1865，现存于Hofburg，Vienna

解放了女性的前端和两侧，他设计的短环形裙使妇女行动更加舒适；随后，他发明了一种帝政式腰线的拖地长裙，最终完全放弃了裙撑与衬架，在更大程度上赋予了女性自由活动的空间。

1858 年，沃斯在巴黎和平大街 7 号创建沃斯时装屋，瞬间吸引了皇室贵族与社会名流的关注，其中最为显赫的是拿破仑的妻子欧仁妮皇后 (Empress Eugenie) 与奥地利皇后伊丽莎白 (Empress Elisabeth of Austria) 。他首创了利用模特儿走秀来举办新品发布会的模式，开创了推出整套季节性服装（collection）的先例，并将自己的商标缝制在衣服上，颇具品牌意识与市场营销的远见卓识；他的试衣间垂挂着黑色丝绸布，恰到好处的灯光设计营造出一种盛大舞会的氛围；他的时装屋名流云集，成为一个时髦的社交场所。 得益于他看似“激进”的营销策略，他赢得了“高级定制之父”的声誉，19 世纪 70 年代起，他不仅得到了上流社会认可，并且频繁出现在女性杂志上，从而被各个阶层的女性所熟知；1924 年，沃斯推出第一款香水“夜来香”，这个颇具商业头脑的举措被后来的时尚品牌纷纷效仿。

沃斯不仅在时装设计与品牌经营上取得了巨大成功，并且改变了时尚设计师的地位。在他之前，做衣服的人仅仅是言听计从的裁缝，具有缝纫的技能却不发表关于时尚的观点，从他开始，服饰设计师开始引领流行，告诉人们应该怎样穿着。

◆ Mary Curzon，Baroness Curzon of Kedleston 肖像画，William Logsdail 绘制，1909，现存于 Kedleston Hall，Derbyshire。她所穿的裙子由 Charles Frederick Worth 于 1903 年制作

◆ Charles Frederick Worth 设计的俄罗斯宫廷服，1888，现存于 The Indianapolis Museum of Art，U.S

EDWARDIAN FASHION

爱德华风格

维多利亚女王去世后，严谨的维多利亚式穿衣风格开始瓦解，英国开始进入一个崭新轻松时代。 国王爱德华七世鼓励聚会、消费和周游，欧洲国王本人对社交生活的喜爱和对华丽服装的浓厚趣味对时尚有着积极的引导作用。这使得英国有了机会去赶上自年美好时期以来就享有繁华的法国。

◆ 爱德华时期的英国女性服饰，摄于巴斯时装博物馆，2011 年

Edwardian Fashion：爱德华风格

虽然英国皇室贵族对于社会与时尚的整体影响从 19 世纪维多利亚女王执政时期就开始逐渐减弱，但这并不影响两位尤其具有时尚品位与社会号召力的领军人物定义 20 世纪初期的时尚：爱德华七世与爱德华八世（温莎公爵）。

爱德华七世（Edward VII，1841—1910）是维多利亚女王与阿尔伯特亲王之子，他几乎与欧洲的所有君主都有血缘关系，因此也被称为欧洲大叔或欧洲国王（uncle of Europe）。这位国王热衷于外交事务、游艇与军务，会说流利的法语和德语，经过多国的访问和周游，他在欧洲重新建立起了皇室的外交事务。爱德华七世虽然执政不久（1901—1910），但他是英国历史上最受爱戴的君主之一，他生性风流浪漫，不拘礼节，热爱赛马、游艇和时尚，从他还是威尔士王子的时代就引领着英国的潮流，威尔士外衣，威尔士披等男式服装直接以他命名，而他所引领的爱德华风格也在服饰史上占据着重要地位。

1901 年维多利亚女王去世后，严谨的维多利亚式穿衣风格开始瓦解，英国开始进入一个崭新轻松时代。 国王爱德华七世鼓励聚会、消费和周游，欧洲国王本人对社交生活的喜爱和对华丽服装的浓厚趣味对时尚有着积极的引导作用。这使得英国有了机会去赶上自年美好时期以来就享有繁华的法国。

《伦敦时报》称爱德华是“有远见的，受人爱戴的，谨慎的，勇敢的而且是机智的人”。

在爱德华时代，英国上层阶级开始穿着运动休闲服饰，使身体的运动更加灵活简便。爱德华时期的女性穿着紧身胸衣、长裙，这是女性日常穿着紧身衣的最后一个时期，从这一时期起，女性的社会地位开始不断提高。维多利亚时期的裙子大而繁重，及至脚踝，上层阶级妇女流行深色丝绒长袍与裙撑；爱德华时期则开始流行更贴合于身体的裙装，面料更加轻便。与维多利亚时代保守的高领上衣不同，大约 1913 年起，女性的衣领逐渐变低，有时会出现 V 形领。

CITY & STYLE

当代英伦时尚

/ 伍

20 世纪初期的两次世界大战改变了整个西方的社会、思想、阶级与性别观念
一战结束后的“爵士年代”出现了摩登女郎“flappers”
服饰受到社会背景、现代艺术与美学运动的影响
大量借鉴东方风格与俄罗斯芭蕾舞团的绚丽色彩
使用几何图形的设计

其中
英国田园风情的图案设计、花卉刺绣与印花面料的运用成为英伦时尚 DNA 的关键词
Liberty 百货公司推动并见证了英国时尚几次飞跃性的发展

新艺术运动（Art Nouveau）

1890 年至 1910 年，从法国掀起的新艺术运动（Art Nouveau）引领了包括英国在内的西方十多个国家装饰艺术的设计风格，其领域涵盖从建筑、家具到服装、首饰、平面与书籍等范围。与英国掀起的工艺美术运动相似，这场新艺术运动是工业化的结果，反对过分装饰的维多利亚风格，强调传统手工艺与自然风格的装饰，凸出曲线与有机形态，并受到日本装饰风格的影响。它虽然在思想理论上并没有超越工艺美术运动，但内容更广泛，涉及面更广，风格更为多样化，因此也被认为是工艺美术运动在欧洲大陆的传播。它与欧洲各国同一时期兴起的许多风格都有关联，但又有不同的地域特征。英国沿用了其法语名称“Art Nouveau”，德国称为“青年风格”（Jugendstil），奥地利称为“分离派”（Secession），在意大利称为“自由风格”（Stile Liberty）。

Archibald Knox：Liberty 与新艺术运动

英国的新艺术运动受到其 19 世纪 80 年代装饰艺术运动的延续影响，注重功能性与自然，并将高雅艺术与装饰艺术更加紧密地联结起来。

◆ 1899 年 Archibald Knox 为 Liberty 所做的设计：“Bollelin”珐琅板、餐盘、蜡烛台、钟表

Liberty 百货公司在新艺术运动中起到至关重要的作用。Liberty 首席设计师 Archibald Knox 设计的首饰不论在材料或形式上均打破传统，为装饰艺术运动、新艺术运动以及现代主义运动都做出了巨大贡献。Liberty 推出的色彩缤纷、装饰性强的花卉图案产品，从面料、首饰到银具与其他装饰物品，获得了巨大的成功，其设计风格不仅影响了英国，并传播到世界范围，而意大利的新艺术运动正是以“Liberty”命名，沿用了以花卉装饰的灵感，称为“Stile Liberty”。

◆ Mackintosh 夫妇设计的家具与灯饰，摄于苏格兰国家博物馆，2017 年

查尔斯·雷尼·麦金托什（Charles Rennie Mackintosh）夫妇

查尔斯·雷尼·麦金托什（Charles Rennie Mackintosh，1868—1928）与他的妻子玛格丽特·麦克唐纳（Margaret MacDonald）为欧洲的设计运动：新艺术运动与分离主义均起到了巨大的推动作用。Mackintosh 是苏格兰建筑师、设计师、水彩画家，他与妻子 Margaret MacDonald，妻子的姐妹 Frances MacDonald 与 Herbert MacNair 组成为艺术团体“The Four”，小组成员都是格拉斯哥艺术运动的核心人物。Mackintosh 涉及的领域包括室内设计、家具设计、面料设计与金属艺术。在以上领域，他的大部分作品都是与妻子共同完成，Margaret 为 Mackintosh 正式的、直线的作品上添加上流动的、花卉的元素，使他的设计风格从工业设计中脱颖而出。

◆ 摄于爱丁堡，2017 年

◆ Mackintosh 夫妇设计的柜橱与镶板，1902 年

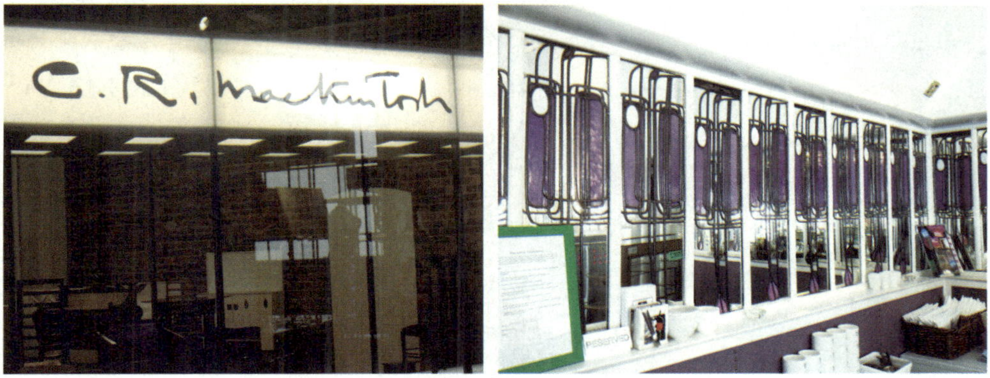

◆ 有些游客特地到格拉斯哥旅行，就是为了在麦金托什设计的咖啡馆（The Willow Tearooms）享受一杯下午茶。摄于 The Willow Tearooms，2012 年

◆ 火灾前的格拉斯哥艺术学院，建筑、字体到细节装饰均由麦金托什设计，摄于 2012 年

格拉斯哥艺术学院是苏格兰目前唯一独立的艺术学院，由土生土长的著名建筑师麦金托什亲自设计，该建筑被称为麦金托什大楼 "The Mackintosh Building"。格拉斯哥艺术学院新艺术运动风格的代表建筑，学院的设计中随处可见简洁有力的几何形设计、斜体新艺术字体与现代感的花卉图案装饰，被评为英国最美的建筑之一。学院特地为前来参观的游客提供一小时的 Mackintosh Tour，以供他们了解这位建筑大师从学生时代的稚嫩到成为自成一家的大师的历程。2014 年 5 月，这栋建筑的图书馆被大火烧毁，其他部分则被消防人员奋力拯救，保留了下来。

◆ 格拉斯哥艺术学院 Mackintosh Tour 票据，摄于 2012 年

麦金托什夫妇不仅对于当代的设计影响深远，并且引领了今日的苏格兰的面貌：从格拉斯哥到爱丁堡，及至苏格兰的乡间小镇，这里店铺招牌上的新艺术字体与室内装饰的细节都延续着他们的风格。

◆ 以 Mackintosh 夫妇设计为灵感的商品：杯子与蜡烛台，摄于 2012 年

FLAPPERS

咆哮的 20 年代

战争打破了根深蒂固的传统，社会观念急剧改变，一场引人注目的社会、艺术与文化新动能全面展开，其中以纽约、巴黎、伦敦、好莱坞为首的大都市尤为醒目。

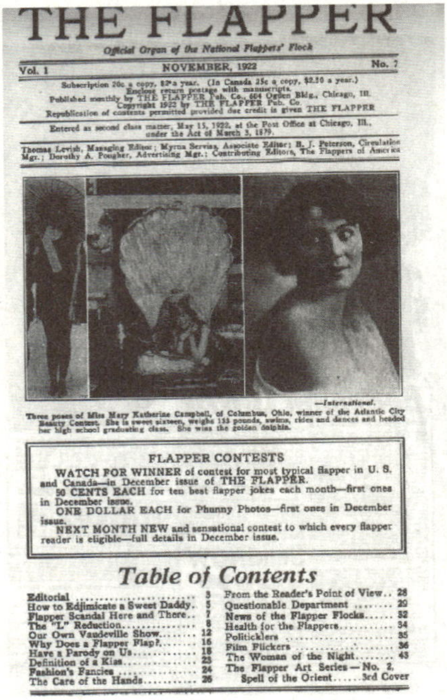

THE FLAPPER

Official Organ of the National Flappers' Flock

Vol. 1 NOVEMBER, 1922 No. 7

Subscription 20c a copy, $2 a year. (In Canada 25c a copy, $2.50 a year.)
Enclose return postage with manuscripts.
Published monthly by THE FLAPPER Pub. Co., 604 Ogden Bldg., Chicago, Ill.
Copyright 1922 by THE FLAPPER Pub. Co.
Republication of contents permitted provided due credit is given THE FLAPPER

Entered as second class matter, May 15, 1922, at the Post Office at Chicago, Ill., under the Act of March 3, 1879.

Thomas Levish, Managing Editor; Myrna Serving, Associate Editor; B. J. Peterson, Circulation Mgr.; Dorothy A. Pougher, Advertising Mgr.; Contributing Editors, The Flappers of America

—*International.*

Three poses of Miss Mary Katherine Campbell, of Columbus, Ohio, winner of the Atlantic City Beauty Contest. She is sweet sixteen, weighs 133 pounds, swims, rides and dances and headed her high school graduating class. She wins the golden dolphin.

FLAPPER CONTESTS

WATCH FOR WINNER of contest for most typical flapper in U. S. and Canada—in December issue of THE FLAPPER.

50 CENTS EACH for ten best flapper jokes each month—first ones in December issue.

ONE DOLLAR EACH for Phunny Photos—first ones in December issue.

NEXT MONTH NEW and sensational contest to which every flapper reader is eligible—full details in December issue.

Table of Contents

Editorial 3
How to Edjimicate a Sweet Daddy. 5
Flapper Scandal Here and There.. 7
The "L" Reduction........ 8
Our Own Vaudeville Show........ 12
Why Does a Flapper Flap?........ 16
Have a Parody on Us........ 18
Definition of a Kiss........ 23
Fashion's Fancies 24
The Care of the Hands........ 26
From the Reader's Point of View.. 28
Questionable Department 29
News of the Flapper Flocks...... 32
Health for the Flappers........ 34
Politicklers 35
Film Flickers 36
The Woman of the Night........ 43
The Flapper Art Series — No. 2, Spell of the Orient......3rd Cover

◆ 1922 年 11 月 “The Flapper” 杂志

◆ 游轮旅行的英国年轻女性当时最时髦的装扮，1929 年

◆ 1920–1930 年代英国服饰，摄于巴斯时装博物馆当代时尚展区，2011 年

Flappers：咆哮的 20 年代

19 世纪末起，妇女权力的呼声越来越高，女性服饰的设计摒弃了繁复的装饰与夸张的 S 形曲线，开始强调身体的自然美。战争的爆发加剧了人们对于服装功能的需求，女性服饰前所未有地注重实用与舒适。一战结束后，西方社会开始享受这来之不易的胜利，迈入疯狂的 20 世纪。战争打破了根深蒂固的传统，社会观念急剧改变，一场引人注目的社会、艺术与文化新动能全面展开，其中以纽约、巴黎、伦敦、好莱坞为首的大都市尤为醒目。

◆ 1922 年 2 月 "Life" 杂志的封面：The Flapper，Frank Xavier Leyendecker 设计

20 世纪 20 年代被称为"咆哮的 20 年代"（the Roaring Twenties），体现出现代性的生活方式。现代科技发展迅速，汽车、电话、广播电台进入人们的生活，加剧了人们消费的需求与欲望。默片时代的电影明星与体育明星成为媒体津津乐道的话题人物，引领着社会风潮。在西方的主要国家，妇女终于迎来了选举权，这多半要归功于她们在战争时期的劳作。

20 年代是一个充满活力的时代，法国人称之为"ann é es folles"（疯狂的年代），而德国人称之为"Golden Twenties"（黄金年代）。爵士乐的流行改变了人们的娱乐方式，使社会弥漫着纸醉金迷的享乐氛围，因此这一时期也被称为"Jazz Age"（爵士时代）。兴起于巴黎的装饰艺术运动（Art Deco）在西方国家产生了很大反响，包括建筑、汽车、服饰与珠宝在内的设计都充满了装饰性，色彩明快，线条清晰，富有时代感，而 Art Deco 风格的设计大都受到了原始艺术、埃及风格、俄罗斯芭蕾舞（Ballets Russes）以及爵士图案等影响。

20 年代的年轻女性被称为摩登女郎“flappers”，她们离经叛道，提倡自由恋爱，抽烟、喝酒，性生活随便，通过极端的生活方式与着装风格与维多利亚时期的价值观划清界限。“Flapper”的本意是“刚刚学会飞的小鸟”，英国北部用其形容乳臭未干的十几岁少女，更早的用法则是妓女的意思；从 20 世纪 20 年代开始“flapper”被美国人引用来描述美丽轻佻的年轻女郎，她们的形象成为 20 世纪 20 年代的缩影。Flappers 身着及膝的短裙，将胳膊和腿都暴露在外，剪短发（波波头），化浓妆，听爵士乐，装扮与做派像男孩子一样（garçonne）。

◆ 20 年代西方的性感女神 Clara Bow，照片刊登于 1921 年 Brewster 杂志

W.E. 温莎公爵的倾国之恋

“你完全不会体会生活在一个伟大的浪漫故事里有多么地艰难。”

——Wallis Simpson

W.E. 温莎公爵的倾国之恋

温莎公爵是一位历史上“不爱江山爱美人”的典型人物。他在位仅有不足一年的短暂时间（1936.1.20—1936.12.11），因为执意要娶已婚的辛普森夫人为妻从而引发了英国的宪政危机，执政的同年便宣布逊位，被乔治六世封为“温莎公爵”。历史学家对于他退位的真正原因有着浓厚的兴趣，认为所谓皇室不肯接受辛普森夫人只是幌子，有一种解释是因为他是德国纳粹的支持者，也有人披露他曾是英国与德国的双面间谍。不论真相如何，这位传奇人物被大众津津乐道至今却是因为他的风流浪漫与不凡的时尚品位，许多艺术创作与影视作品都以他们的爱情故事作为灵感，其中最著名的是麦当娜导演的《W.E.》，电影名称和故事灵感均以温莎公爵夫妇名字的首字母 Wallis 与 Edward 为灵感。或许，热爱童话的人们宁肯相信这个世界上还有这样的诗意与浪漫，何况这对夫妇每次亮相都显得那么恩爱与时髦。

温莎公爵长相英俊，拥有卓越的时尚品位与影响力，他使得英国田园度假服饰与贵族绅士传统狩猎穿着的运动服饰变成时髦的日常穿着，温莎公爵的衣着配色与搭配十分大胆令许多曾经名不见经传的英国传统服饰名声大噪，从而带动了英国男装的进程。温莎公爵偏爱穿着原先英国乡间流行的牛津鞋打高尔夫球，使牛津鞋逐渐发展为今日英伦鞋履的代表，原本用作雨天排水的鞋孔也被各式各样的雕花装饰；英国偏远岛屿的费尔岛编织提花毛衣经他穿着后，成为经典的英伦风格，以雪花、麦穗、几何图形和动物图案装饰，至今仍被皇室与明星青睐，成为最具有圣诞节日气息的一件流行单品；原本作为狩猎外套的（Shooting Coat）诺福克夹（Norfolk jacket）经过爱德华七世与八世的演绎成为日常穿着的时尚单品；葛伦格纹被他标新立异的搭配之后大受欢迎，被命名为威尔士格纹与温莎公爵格纹；最为经典的是以他命名的温莎领与温莎结：与英式西装搭配的领型衬衫被称为温莎领，而他常系的造型宽大的领结款式被命名为温莎结，随后由此衍生出的更加简单、日常的打法被称为半温莎结。

“比起一般布料剪裁制衣，费尔岛针织与穿者有着更亲密的关系。”

——Jean-Paul Gaultier

如果不是这么一位具有话题的时尚偶像发现这些服饰所隐藏的魅力，将其恰逢其时地演绎为时髦的单品，并且经由自己的显赫身份与影响力被大众熟知，也许今天英伦绅士的装扮会无聊许多吧？

Wallis Simpson：辛普森夫人

那位使得爱德华八世成为史上第一位自动放弃王位，心甘情愿去捍卫的女人，出身贫寒又离异两次，她要有怎样倾国倾城的美貌才能够使见多识广的国王如此迷恋呢？事实上，这位女子的容颜并非当时主流喜爱的美貌，但她品位不俗，是当时时尚界的缪斯女神。

如果你去问一位英国绅士，你认为女性天然的容貌更加重要，还是她的品位风格更加重要？

他们一定会回答后者，而且他们并不局限于大众主流的审美，一位打扮有趣的女士同样会引起他们的注意。

“我无甚美貌，唯有衣着出众”——温莎夫人这么评价自己

温莎公爵夫人（Wallis Simpson）嫁给公爵的时候，英国王室无一成员参加婚礼。她一生都没有获得皇室的任何名号，她的姓仍是第二任前夫的名称“辛普森”（Simpson），她生前最为人熟知的称呼为“辛普森夫人”，直到死后才被女王同意进入皇家墓地，安葬在温莎公爵身边，在墓碑上刻上了“温莎公爵夫人”。

相比起伟大的爱情，人们更容易相信“红颜祸水”，辛普森夫人曾经是一个臭名昭著的女人，传言称她情夫无数，称她在爱德华八世退位后失望至极，两人婚后整个欧洲的社交界都耻于与他们往来，她也因此颇有怨言，认为温莎公爵只是借自己来逃离王室的束缚。她的传记作者 Charles Higham 称她为一个野心家（The Heart Has Its Reasons，1956），以她为原型的小说（Famous Last Words，1981）也将她描述为一个有操控手段的阴谋者（Timothy Findley），而事实上，她或许是自己野心的牺牲品，将伟大的浪漫变成了一个悲剧的故事。1936 年，辛普森夫人登上《时代》杂志的封面，成为获得“年度人物”称号。她曾用一句话总结自己的一生：“你完全不会体会生活在一个伟大的浪漫故事里有多么地艰难。”

"You have no idea how hard it is to live out a great romance." [King, p. 388; Wilson, p. 179]

如果不是因为爱，温莎公爵会赠送她价值连城的定制珠宝吗？在温莎夫人

离世后，苏富比举办了“温莎公爵夫人珠宝拍卖会”，以创纪录的总额5000万美金成交，见证了他们的爱情点滴，为她与珠宝华服相伴的一生画上句号。在温莎公爵退位前送给她的梵克雅宝红宝石钻石手链上，刻着“Hold Tight”的字样；40岁生日时，温莎公爵送给他梵克雅宝红宝石钻石项链，上面刻着“我的Wallis，来自她的戴维（公爵的教名），1936”；温莎夫人的订婚戒指是一粒19.77克拉的祖母绿宝石，背面铭刻着“We are ours now”；那条著名的卡地亚钻石手链上有着9个十字架，每个十字架的背面都铭刻着二人生活的重要时刻；而卡地亚黄金多宝石镶嵌烟盒表面上的欧洲地图则标记了两人一起去过的地方；1946年温莎夫人珠宝被盗后，公爵为她定制了卡地亚猎豹胸针，告诉她让“豹子为我们守护珠宝”，此后，温莎夫人以动物为造型的珠宝中有许多都成为流传后世的经典设计。在她大量的珠宝首饰中，最有纪念意义的是1957年的卡地亚祖母绿与红宝石心形胸针，这枚纪念这对恋人的定制胸针上面镶嵌着字母“W”和“E”，代表二人名字的首字母：Wallis，Edward.

温莎夫人不仅是良好品位的代表，同时也善于恰到好处地将她的诙谐与幽默融入时尚里。建议梵克雅宝以拉链为原型所设计的“zip”项链将叛逆与创新的精神融合极致精巧的切割工艺，这款设计至今仍是梵克雅宝的代表性产品。

温莎夫人的婚纱由Mainbocher定制设计，现存于大都会艺术博物馆。这件婚纱的垂坠面料与流线性充满了现代感，既不浮夸又具有设计感，其中上半身的设计成为了经典的“Mainbocher式胸衣设计”。

除了Mainbocher所设计的晚礼服与套装之外，温莎夫人经常选择的几位设计师作品均是最能够代表时代特征的经典设计：那件由艾尔萨·西雅帕列利（Elsa Schiaparelli）以超现实主义艺术大师达利的龙虾电话为灵感所设计的大名鼎鼎的龙虾裙穿在她的身上不仅没有显得过分张扬，反倒优雅依旧，并增添了许多趣味；二战之后温莎夫人在第一时间便穿上了代表着时代精神的迪奥连衣裙；又从60年代起频频选择更为简洁的纪梵希，她在送别温莎公爵时所穿的黑色丧服也是由纪梵希赶制的。20世纪最著名的英国时尚摄影大师塞西尔·比顿爵士（Sir Cecil Beaton）曾为温莎公爵夫人拍摄多幅摄影作品。

好品位与坏名声

也许伟大的政治家都无暇风花雪月，因此历史上能够算作时尚偶像的皇室贵族总是以挥霍无度的坏名声著称，在巴黎有路易十五的情妇蓬巴杜夫人与末代艳后玛丽·安托瓦内特，英国有赌债高筑的德文郡公爵夫人与花花公子，而最具时尚影响力的温莎公爵夫妇则因为各自曾经风流的私生活丢尽了皇室的颜面，一位为了爱情失去王冠，一位直至离世方才获得与丈夫相配的头衔。往事随风，温莎公爵夫妇将才华与卓识发挥在时尚方面，发掘并推动了时尚与美的现代性，将埋没于英国乡间田园的元素转化为现代的英国风格，凭借其时尚品位与影响力被后世铭记。

LAND GIRLS

战争期间的英国女性

时装在这个时期的转变同样是现代化与民主化的过程，服装由夸耀变得简朴，服装作为阶级象征与性别区分的功能开始弱化。在战争期间，富人没有仆人帮她们穿衣，而穷人需要工作，富人和穷人必须穿得一样：短巧，简洁，且自己可以轻松穿着。

◆ Pte Elizabeth Gourlay transmitting a radio message，现存于英国 Imperial War Museum，War Office Second World War Official Collection，发布时间不详

◆ UK worker meets Roosevelt，由美国女性摄影师 Toni Frissell 拍摄，1942 年 11 月，现存于 The Library of Congress，U.S.

Land Girls：战争期间的英国女性

经历了二十、三十年代的享乐与浮夸，第二次世界大战的到来打断了人们的创造力。战争期间物资短缺，在公开场合谈论时尚的行为会被人们认为是不爱国的表现，因此服饰注重功能性与舒适度，大都选择结实、耐磨的面料。在另一方面，面料的限制也催生了一系列现代服饰的诞生：T 恤衫、羊毛衫、飞行夹克、防水外套等款式直到今天也依然是人们的日常穿着。时装在这个时期的转变同样是现代化与民主化的过程，服装由夸耀变得简朴，服装作为阶级象征与性别区分的功能开始弱化。在战争期间，富人没有仆人帮她们穿衣，而穷人需要工作，富人和穷人必须穿得一样：短巧，简洁，且自己可以轻松穿着。

女性运动在发起之初进展极为缓慢，两次世界大战的爆发在无形中促进了女性权利的飞跃性提高。恩格斯以为，女人的命运与私有制的历史紧密联结在一起。妇女的解放，只有在妇女大量地、社会规模地参加生产，而家务劳动只占她们极少的工夫的时候，才有可能。1918 年，英国女人获得选举权，但带有诸多限制，然后在 1928 年取消了限制：这大半要归功于她们在战争中的劳作。男人投身于战场，大量女性外出工作。高强度的劳作导致妇女需要穿着易于运动的款式并选用耐磨的面料，女性开始注重服装功能性的诉求。

在战火纷飞的年代，男人外出打仗，女性则投身于高强度的工作，填补空缺的岗位。女性入伍的机会也比战前多了很多， 在军队从事着从

◆ 海报：Join us in a victory job，1943，由 Maurice Bramley 设计

接线员、文员到技工，军械维修工等各种工作。一战和二战时，英国民间组织“The Women's Land Army”（WLA）鼓励女性到农场工作，以填补入伍男性的空缺，这些加入农场工作的女性也被称为“农场女孩”（Land Girls）。为纪念这些女性为英国赢得战争所做出的巨大贡献，1998 年，由 David Leland 执导的电影“Land Girls”上映，故事根据 Angela Huth 的同名著作改编；2009 年，英国 BBC 一频道播出“Land Girls”电视剧以纪念第二次世界大战爆发 70 周年，该剧获得 2010 年广播奖（Broadcast Awards）最佳日间节目；同年，英国布赖顿博物馆举办展览 Land Girls：Women at world war 2，由英国时尚策展人 Amy de la Hay 讲述这些女孩的制服与制服背后的故事。

◆ 英国政府招募Women's Land Army海报，1917年

在战争刚刚结束后的那个时期，饱受战争摧残的人们渴望安定的生活，通过时尚重新树立对生活的信心。硬朗的军装风格不再受到欢迎，海峡对岸的巴黎率先掀起“新风貌”，迪奥（Christian Dior）1947年推出的女装系列重拾了高雅华丽的女性气质，强调圆肩、蜂腰，为巴黎奠定了时尚之都的地位，同时，这股风潮也影响了伦敦，尤其是包括Horrockses在内的成衣品牌与以Hardy Amies为代表的高级女装。

此时的英国还未出现像迪奥“新风貌”那样现象级的时尚事件，但时尚行业的各个领域都已在蠢蠢欲动，高级定制开始复兴，“婴儿潮”（baby boom）的青少年开始追逐流行，这批年轻的设计师力量于20世纪50年代中期开始崭露头角，并在60年代形成大规模的力量，使这座城市成为“摇摆伦敦”（Swinging London）。

SWINGING LONDON
摇摆伦敦与青年革命

1966 年 4 月，美国《时代》周刊的皮瑞·哈拉斯（Piri Halasz）这样形容“摇摆伦敦”（Swinging London）：“这个春天，伦敦被点亮了。这是前所未有的。古代的典雅和现代的丰富在令人眼花缭乱的‘欧普’和‘波普’中相互缠绕。城市因为女孩和披头士而充满活力，因为迷你轿车和电视明星而喧闹，令人心潮澎湃。”

◆ 1940–1950 年代的英国女装，图片摄于巴斯时装博物馆，2011 年

Swinging London：摇摆伦敦与青年革命

1966 年 4 月，美国《时代》周刊的皮瑞·哈拉斯（Piri Halasz）这样形容“摇摆伦敦”（Swinging London）：“这个春天，伦敦被点亮了。这是前所未有的。古代的典雅和现代的丰富在令人眼花缭乱的‘欧普’和‘波普’中相互缠绕。城市因为女孩和披头士而充满活力，因为迷你轿车和电视明星而喧闹，令人心潮澎湃。” 也正是从披头士风靡的 20 世纪 60 年代开始，世界开始用一种全新的眼光看待伦敦，这座古老的大都市不再充满层叠翻滚的乌云与雾霾，它的色彩不再阴郁厚重，伦敦变得色彩缤纷，朝气蓬勃。

在英国经济持续增长和社会呈现出前所未有的宽容的背景之下，战后婴儿潮的一代步入青春期，他们反传统、反体制、反权威、反对既成的社会规范、反对他们父辈的价值观。这场文化的变革为英国带来了流行文化、音乐、电视、电影、艺术等多方位的震荡，其中，时装革命对于人们的日常穿着与审美影响深远，持续至今。

作为社会习性的一个侧面，时装在其发展的过程中受到了生活状态、社会思潮、文化习俗等许多因素的影响，也是不同时期甚至不同群体审美倾向、精神

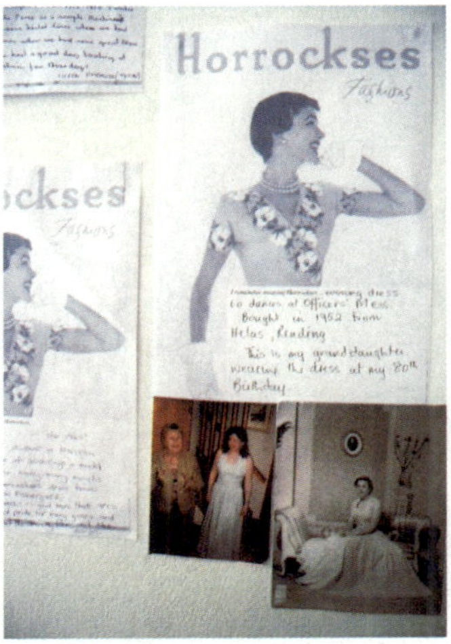

◆ 英国 1940–50 年代最具影响力的成衣品牌 Horrockses，摄于“Horrockses Fashions：Off the Peg Style in the 40s’ and 50s’”展览，伦敦时装与面料博物馆，2010 年

◆ 伦敦景观，摄于 2010 年与 2011 年

思想、生活方式及价值观念的直接表露。由 19 世纪末起至今，时尚社会学家通常会将时装与身份联系起来，试图解释服装所象征的身份属性。恩特维斯特（Joanne Entwistle）认为，时装通过身体与性别构筑身份认同，若要理解时装，首先需要理解身体在文化中的意义，时尚是被赋予了文化意义的身体。

伦敦 60 年代的时尚源自反主流文化，那是一场自觉的运动，它既反对传统价值和既定的观念，也反对市场意识形态。在那个充满反叛的年代，英国的女孩们不再愿意穿着和母亲一样优雅而繁复的衣服，戴着帽子和白色手套出门，看起来简直和母亲一模一样。她们希望打破从前成熟的经典旧容，与父辈划清界限，通过穿着与妆容赞美年轻。

模特儿崔姬（Twiggy）被媒体称为是“一张能够代表 60 年代的脸”——沙宣设计的几何状发型，粗重的黑眼线，戴假睫毛，弱化唇色，儿童般未发育的细长身材，平胸，长腿。如果说 20 年代女人热爱涂上红唇是为了体现成熟与世故的美，那么 60 年代的女性则通过佩戴卷翘夸张的假睫毛体现年轻女孩特有的无辜与单纯。

◆ 摇摆伦敦时期的英国年轻设计师作品，摄于 V&A 博物馆，2017 年

◆ 2009年秋季，英国国家肖像美术馆举办《崔姬：影像中的一生》（Twiggy：A Life in Photographs）展览，图片拍摄于展览现场。右上图片原为Twiggy与David Bowie拍摄英国的Vogue杂志，而David Bowie后来将这幅摄影用作了他的专辑封面（Pin Ups）。Twiggy后来回忆起这段拍摄经历时曾说："He（David Bowie）touched my life."

◆ Twiggy图片，Ronald Traeger拍摄，1967，现存于National Portrait Gallery，本图拍摄于展览现场，2009年

作为一种文化移入的手段，服装样式代表着时代精神，个人和群体通过服装的选择使自己和周围的文化在视觉上合拍。服装体现着在同一文化中的行为规范，并受到文化的制约。人们在同一社会、同一文化中选择共同被承认的服装，从而得到相互承认，得到心理的安定。同一文化内的成员会有共同的价值——态度体系（value-attitude system），形成共同的个性。在60年代时装革命中，影响最为深远的设计当属迷你裙。

时装史通常将伦敦设计师马利·匡特（Mary Quant）记载为迷你裙的发明者，将其作为英伦时尚的代表人物。然而，迷你裙能够成为流行并在顷刻之间风靡全球需归功于一个时代以及这场时尚变革中的先锋群体（Mary Quant，John Bates，Ossie Clark，Foale & Tuffin等设计师），他们共同将传统的英伦穿着转化为年轻、反叛的新面貌，而这种通俗、叛逆、街头的装扮至今依然是英伦风尚区别于世界其他时尚的关键。

20世纪60年代之前，西方的时装产业以巴黎为中心，英国的服装产业从教育、设计到生产都处于从属跟风的地位，伦敦这座城市从未成为世界时尚的引领者。从50年代末至60年代初，时尚流行由伦敦开始发生革命性的改变，进而席卷世界。这种改变不仅体现在时装设计上，同时也反映出了一代人的价值观与生活态度。与巴黎、米兰等传统时尚之都不同，前者的时尚地位来源于高级定制及对于奢华生活方式的倡导，而伦敦所倡导的是平民时尚，是起源于大众并与大众文化息息相关的时尚文化。

◆ Twiggy 图片，拍摄于 Twiggy：A Life in Photographs 展览现场，2009 年

“一张能够代表 60 年代的脸”

没有哪一个模特儿能够成为一个时代的象征，除了崔姬（Twiggy，原名 Lesley Hornby，1949–）。Twiggy 这个名字的原意为小树枝。因为她太纤瘦，矮小，胸部像未发育似的，双腿像竹竿一样，整个人儿就像是一个用小树枝拼起来的，男友称呼她为“Twiggy”。

在 Twiggy 的面孔进入大众视野之前，彼时的审美是长发飘飘、端庄淑女的形象，而 Twiggy 的呆萌顽皮的美充满了年轻的活力，她的出现像是一场革命，那单纯无辜的少女形象改变了人们对于女性美的定义。

发型

Twiggy 的职业生涯缘起于 Mayfair 的知名发型师 Leonard Lewis 为她量身打造的

波波头。1966 年，Twiggy 的男友 Justin de Villeneuve 带着这位 15 岁的女孩来到 Mayfair 的美发沙龙，为他想要尝试的新型短发担任模特儿。Leonard 花了足足 8 个小时才剪到满意，Daniel Galvin 为她染色，每一个小细节都确保足够精准。之后，他们请摄影师Barry Lategan 为她拍摄，并选出一张挂在了沙龙的门厅。《Daily Express》的时尚编辑 Deirdre McSharry 看到后，迅速把这张面孔刊登到了报纸，并称它为"1966 年的面孔（The Face of 1966）"。此后，她的影响力迅速扩散至全英国，并将这股这潮带向了全球，成为著名摄影师与时尚媒体竞相合作的超级模特儿与彼时女性模仿的对象。

化妆｜假睫毛

直至 20 世纪 50 年代，英国女性流行的妆容仍是"家庭主妇"的风格。Twiggy 却与传统女性的气质背道而驰：她戴上夸张的假睫毛以凸显明亮的大眼睛，弱化唇色，模糊了性别特征，显得孩子气且充满了无辜。

瘦削｜长腿

Twiggy 露出纤细的长腿，有时会穿上色彩明艳的袜子，裙子短到膝盖以上，"S"形曲线终于不再是性感的唯一标准，"A"形的轮廓开始流行，人们把注意力放在了双腿，而非胸部与纤腰。

中性美

Twiggy 掀起了"以瘦为美"的风潮，而这种瘦削的时尚标准在后来愈演愈烈。没有丰胸肥臀，也不再凸凹有致，显得反叛又年轻。这种弱化性别特征的中性美从她开始流行起来，直到今天也是英伦风格的特征。

Twiggy，这位历史上第一位名副其实的"超模儿"，这位改变了人们的穿衣、发型、妆容与时尚态度的女孩，这位掀起了中性美的模特儿，她真正的模特生涯只有短暂的四年时光。她曾与大名鼎鼎的艺术家安迪·沃霍尔（Andy Warhol）合作，曾与摇滚巨星大卫·鲍伊（David Bowie）共同拍摄，并成为历史上最著名的时尚摄影师比顿（Cecil Beaton）与汉密尔顿·纽顿（Helmut Newton）的灵感缪斯。在这短短的四年里，她多次登上英国、法国、意大利、美国的时尚杂志封面，并且这种影响力持续到 70 年代；2000 年 1 月，她登上美国《时代周刊》。

当模特儿虽有趣，她却并未局限在经营自己的外表。刚刚大红大紫的时候她便推出自己的时尚杂志"Twiggy：Her Mod Teen World"，此后又去美国学习表演，成为一名演员，结婚生子，后又回到英国成为一档电视节目主持人，并继续活跃在文化产业，由内而外地活出了新时代女性的态度。、

"Clothes should be comfortable and fun，but also effortless. Don′t get hung up on your age – it′s about attitude." ——Twiggy

衣服应该是舒适有趣的，并且要显得不会用力过度。千万不要被年纪束缚：态度才最重要。

2009年秋季，英国国家肖像美术馆举办了两场与伦敦60年代相关的摄影展："崔姬：影像中的一生"（Twiggy：A Life in Photographs）与"从披头士到鲍伊，展示60年代"（Beatles to Bowie，the 60s Exposed）。这两场展览均通过影像回顾伦敦60年代的社会景观，前者为伦敦时尚的代表人物，后者是家喻户晓的摇滚乐队。相对于时装，摄影所记载的历史显得更为客观可信。正如苏珊·桑塔格在《影像世界》中所描绘的："一张照片首先不仅是一个影像，不仅是对现实的一次解释，而且是一条痕迹，直接从现实拓印下来，像一道脚印或一副死人的面模。"这些影像展现着伦敦60年代的视觉景象。这几场在伦敦几乎同时进行着的展览，以各自的角度与叙事重现了同一段城市历史，并将其转换为能够切实发挥价值的文化资源。有许多人远道而来特地观看披头士的展览，其中，几位年长的英国人使人印象深刻。他们仔细地观看每一幅影像，阅读故事的点滴，在背景音乐的氛围下追忆曾经的似水年华，仿佛想起了自己的青春时光。他们久久地流连在此，潸然泪下。

设计师Mary Quant说："Twiggy完全不同于当时的模特们，她个子矮小，极瘦，但是很迷人。即便今日，她的照片依然令人着迷。Twiggy很独特，气质清新。"

Mary Quant

在英国的当代设计师中，Mary Quant（Dame Barbara Mary Quant，Mrs Plunket Greene）是最为声名显赫的人物。这位英国时装设计师是沙宣式波波头的忠实拥护者，充满建筑感的齐刘海、迷你裙、超短裤或彩色打底裤是她的经典形象。她引领了伦敦60年代的Mod风潮与青年革命，被认为是迷你裙与超短裤的发明者，并鼓励年轻人穿衣打扮以取悦自己为目的，将时装视为一种有趣的游戏。

◆ 1960 年代英国服饰，摄于巴斯时装博物馆当代时尚展区，2011 年

◆ 1963 年，Mary Quant 成为第一位获得英国年度时尚大奖（Dress of the Year）的设计师，摄于巴斯时装博物馆“Dress of the Year”展区

◆ Mary Quant 绿色迷你裙配紫色与白色纹饰，1960 年代，V&A 馆藏

1955 年，Quant 与丈夫 Plunket Greene，摄影师 Archie McNair 在伦敦的英王街（King′s Road）开设了第一家店铺，叫做 Bazaar，出售的经典服饰包括用来搭配毛衣与裙子的小白领，色彩鲜艳的裤袜，男士长款毛衣（长度可以当作裙子来穿）。慢慢的，她逐渐减少采购的比例，而是越来越多地亲自设计。直至 60 年代初期，Quant 与 Kiki Byrne 是伦敦仅有的两位面向前卫的年轻人出售高街服饰的设计师，她们的店铺都位于 King′s Road，两者相互竞争，直到越来越多的设计师入驻这条街道，使这条街道成为具有鲜明风格的时装街区。

50 年代开始，女人的裙子就开始逐渐变短，Quant 认为迷你裙象征着自由的精神与实用的功能，女人可以穿着它追赶巴士。60 年代，Quant 推出迷你裙，她也成为时装史上备受关注的一位设计师。尽管这一荣誉备受争议（也有学者认为是伦敦设计师 John Bates 或法国设计师 Andre Courreges 率先发明迷你裙），但迷你裙能够风靡世界 Quant 功不可没。60 年代后期，Quant 成为英国的时尚偶像，并使超短裤成为潮流。

1963 年，Quant 成为第一位获得英国年度时尚大奖（Dress of the Year）的设计师；1966 年被英国女王授予 OBE 勋章（Officer of the Order of the British Empire），又于 2015 年被授予更高级别的骑士指挥官勋章 DBE（Dame Commander of the Order of the British Empire），以表彰她对英国时尚的杰出贡献。

Foale & Tuffin

从 20 世纪 50 年代起，在由传奇性人物 Janey Ironside 执掌皇家艺术学院时装专业后，伦敦的时装设计开始了全新的尝试。从此，伦敦的时尚教育领先国际，培养了许多声名卓著的时装人才。

Marion Foale 与 Sally Tuffin 处于这场文化爆炸的中心，这两位从皇家艺术学院刚刚毕业的年轻设计师创办了自己的时尚品牌 Foale & Tuffin，她们的设计是对于特定时代所作出的本能回应。这两位设计师既不离经叛道也没有过分喧嚣，她们希望能够创造出年轻人自己希望穿着的服装，身着这些衣服，年轻女性可以奔跑、跳舞、生活，能够无拘无束，充满活力。她们把自己的思想缝制在了每一件衣服上，成为这场变革的领军人物。

在服装设计上，她们使结构简化并去除高街时装中过于正统的元素，使用更加简单而宽松的蕾丝，印上几何图形或波普主题的图案，设计出实用、舒适、时尚的服装。这样的时装设计彰显出了无辜、单纯、女性化的特征，符合其时代的审美，恰恰是年轻女性所希望成为的形象。Foale & Tuffin 的经典设计包括色彩鲜艳的针织连衣裙、T 恤裙、男朋友式的宽松夹克、女长裤套装、工作服式样的

◆ 图 1—3：图 1 是以雏菊为元素的“Daisy Dress”连衣裙，图 3 分别为著名的“Double D Dress”连衣裙，欧普图案套装与水手裙，图片摄于展览现场，FTM，2009

◆ 两位从皇家艺术学院刚刚毕业的年轻设计师：Marion Foale 与 Sally Tuffin 成为伦敦青年革命的领军人物

套装等，即使放在今天也不会显得过时。

Foale and Tuffin 著名的“Double D Dress”，口袋处的 Double D 灵感来源于当时著名的双钻石麦芽酒（Double Diamond ale）广告，连衣裙的简单廓形在很大程度上受到流行文化的影响，这个设计也对波普艺术产生了推动作用。Foale and Tuffin 是最早一批发明连体裤的设计师，她们的裤装设计甚至比圣洛朗（Yves Saint Lauren）的吸烟装（Smoking Suit）更具有前瞻性。

注：此章节图片拍摄于伦敦时装博物馆 FTM 特别展览《Foale & Tuffin 与英国制造》现场，2009 年 10 月

位于马尔布拉的店铺——“卡尔纳比皇后”（The Shop at Marlborough Court — Queen of Carnaby）

20 世纪 60 年代，伦敦的年轻设计师不仅改变了人们着装的态度与风格，并且影响了新的购物方式。包括 Foale and Tuffin，Barbara Hulanicki，Jean Muir，Ossie Clark 与 Alice Pollock 在内的时装设计师不仅担当做衣服的角色，同时也是才华横溢的经商者，他们开设自己的精品店铺，把服饰直接售卖给顾客。

Sonia Ashmore 形容道，就像时装与音乐一样，60 年代的时尚商店对于那个年代的年轻人有着深刻的影响。与传统的商店不同，这些店铺的经营与销售更加灵活，他们出售流行时装，加快了时尚更新的速度，挑战着传统时装零售的模式。Ashmore 指出，时装商店“倡导着打破阶级的青年文化”。Jenny Lister 指出，

◆ Foale & Tuffin 的品牌视觉设计采用英国国旗的色彩，以国旗中的红、蓝、白三色作为标准色。《Foale & Tuffin 与英国制造》展览海报

年轻人追求新鲜服装和购物方式的动力受到了新一代设计师出身的企业家的影响。这些 60 年代先锋者不仅是才华洋溢的设计师，也是经营时尚的生意好手，他们有发掘新场地并将其据为己有的愿望。

Foale & Tuffin 的店铺位于卡尔纳比街旁边的 Marlborough Court，因为地处伦敦的中心地带且租金低廉，两人毫不犹豫地租下了这里作为工作室，当看到自己开店的可能性之后，便将其改为店铺。在 20 世纪 50 年代初期，卡尔纳比还是一条破烂不堪的小街道，被马思特 (Masters) 形容为“是一个被抢劫的理想地段”。一夜之间，时尚先锋纷纷涌入这条街道，卡尔纳比街从此成为伦敦青年亚文化的发源地，而 Foale & Tuffin 则被媒体冠以“卡尔纳比皇后”的称号。至今，这条街道依然是伦敦的时尚地标，吸引着无数游客。

新一代的设计师具有品牌意识与广告的天分。Foale & Tuffin 不仅是 60 年代英伦风尚的先锋人物，并以英国制造为荣，她们所设计的品牌标识采用了英国国旗的色彩，并以国旗中的红、蓝、白三色作为标准色，设计成为包装袋。

在店铺的设计上，Foale & Tuffin 体现出早期的极简主义美学，其中不乏有趣的细节。为了使空间最大化，店内横置着一排排的横杆供挂放衣服使用；二人为了使顾客在取下衣服的时候不碰到脑袋，专门定做了特别的衣架，衣架的挂钩比普通衣架长出许多。精致的松木地板，白色的墙，墙上还用点状的红色和蓝色灯泡拼成了 Foale & Tuffin 的品牌名称。

NEW BESPOKE MOVEMENT

高级定制的复兴

二战之后，女王的任命帮助具有开拓性的英国设计师 Norman Hartnell，Hardy Amies 与 Frederick Fox 等人建立起声望，将伦敦推向国际时尚的地图。

New Bespoke Movement：高级定制的复兴

Hartnell to Amies：Couture by Royal Appointment

从战后至今，伦敦的高级定制的发展依然与皇室的光顾紧密联系。英国皇室作为国家形象的象征，成为本土设计师绝佳的“形象代言人”与宣传媒介。二战之后，女王的任命帮助具有开拓性的英国设计师 Norman Hartnell，Hardy Amies 与 Frederick Fox 等人建立起声望，将伦敦推向国际时尚的地图。虽然英国的缝纫与剪裁从 18 世纪起便已经闻名世界，但在 1923 年诺曼·哈特内尔（Norman Hartnell）创办高级定制时装屋之前，英国的高级定制品牌却寥寥无几。诺曼优雅的裙装吸引了皇室贵族的光顾，其中最著名的是 1947 年他为女王设计的婚纱与 1953 年的加冕礼服。这些设计不仅展现出英国高级时装的特征与质量，并为后来的英国高级定制奠定了标准。

Hats：An Anthology

此外，帽子在伦敦高级定制时尚中依然占据着举足轻重的地位。关于弗雷德里克·福克斯（Frederick Fox，1931—2013）的传记不多，但这位女帽制造商从 1974 起便获得皇家任命，成为女王专属的帽子设计师。自从 20 世纪 60 年代末福克斯加入赫迪雅曼（Hardy Amies）后，福克斯在 35 年间为女王制作了大约 350 顶帽子，并且为皇室家族的多位女性，甚至大洋彼岸的希拉里·克林顿制作过帽子。与服饰相比，帽子虽然只是整套造型中的一个配饰，但，我们能够想象不戴帽子的英国女王是什么形象吗？福克斯为女王设计的帽子优雅得体，为黛安

◆ 伦敦时装与面料博物馆（FTM）特别展览“Hartnell to Amies：Couture by Royal Appointment”回顾了战后英国的高级定制品牌 Norman Hartnell，Hardy Amies，Frederick Fox 等，以及英国皇室对于高级时装的推动，图为展览海报。

◆ V&A 博物馆陈列战后时期的高级女装，摄于 2017 年 7 月。

◆ 巴斯时装博物馆当代服饰区域陈列的帽饰，图片摄于2011年

◆ 图片拍摄于2012年2月伦敦时装周 Piers Atkinson（图1）与 William Chambers（图2，3）静态展览

娜王妃设计的飞碟型帽子却非常时髦，充满了未来感，朝气蓬勃。在英国皇家邮局发行的邮票中，就有四张伊丽莎白女王戴着福克斯帽子的造型。

伦敦当代时尚中的帽子设计也是国际一流的水准，最著名的设计师包括 Stephen Johns，Philip Treacy，Dee Rees。

1980年，从中央圣马丁毕业的 Stephen 在伦敦 Covent Garden 中心开设了属于他自己的第一家店，吸引了从 Boy George 到 Diana 王妃、Welsh 公主等时尚潮人的光顾。之后，Stephen Jones 与为时装设计师们合作定制 T 台帽饰，从英国设计师 Zandra Rhodes，Giles Deacon，Vivienne Westwood，美国设计师 Marc Jacobs 到老牌时装屋 Jean Paul Gaultie，Christian Dior，及至英国新锐设计师 Christopher Kane。1984年，Stephen Jones 为 Jean Paul Gaultier 的高级定制发布会设计头饰，迅速受到了整个法国时尚圈的认可。Stephen Jones 与同样毕业于中央圣马丁艺术学院的 John Galliano 合作更加紧密，并为他所执掌的 Christian Dior 高级定制女装增添了张扬个性的戏剧化色彩。Stephen 与 Comme des Garçons 的合作则碰撞出了更加时髦的火花，其中，2006年的英国十字皇冠、红色遮面贝雷帽，以及2007年的皮质兔耳朵"Bunny Hat"都成为经典设计。相较于以上设计师，意大利版《VOGUE》时装编辑 Anna Piaggi 则更像是 Stephen Jones 的灵感缪斯，这位疯狂痴迷于夸张头饰的女人将 Stephen Jones 的设计诠释得如戏，如梦。2009年，Stephen Jones 与 V&A 博物馆合作策划了关于帽子的展览："Hats: An Anthology"。

菲利普·崔西（Philip Treacy）同样毕业于中

央圣马丁艺术学院，是一位天马行空的帽子鬼才。Treacy 的设计充满了超现实的色彩，他偏爱动物的主题，如昆虫和羽毛；有时复古，有时充满了未来感。2008 年春夏发布会，McQueen 与 Philip Treacy 合作设计 La Dame Bleue 系列，向自己已故的伯乐、帽子女王 Isabella Blow 致敬。时装秀的主题为鸟，Treacy 便为 McQueen 的模特儿配上了由无数只红色蝴蝶制成的帽子。此外，McQueen 与 Philip Treacy 多次合作，创造出鹦鹉、火鸡毛、树枝等多种形态的头饰。

Anderson & Sheppard："伦敦式剪裁"

20 世纪早期，Frederick Scholte 在为温莎公爵设计"English drape"时将裁剪变得柔和了起来。Scholte 的"柔和式穿搭"风格由他的徒弟 Per Anderson 发展成了"伦敦式裁剪"，即 Anderson & Sheppard 的服装风格。"伦敦式剪裁"的整体风格就是强调合体、修身，上身呈现出沙漏形，肩部宽阔挺拔，腰部收紧，宽大的袖子上有着高高的小袖孔，可以在自由舒适地移动手臂的同时使夹克保持贴近脖子的状态。虽然萨维尔街是手工剪裁西服的圣地，能够通过面料与剪裁最大化地优化身体的形态，但萨维尔街的裁缝们却并没有把自己手中的剪刀"神化"，他们的身上有着英国老派绅士的低调、勤勉、脚踏实地。2009 年在参观 Anderson & Sheppard 时，一位年长的裁缝为我们讲解了各种剪裁的小技巧与扣子的选择，我提问道，"如果这位客人有了圆滚滚的啤酒肚，那么选择几排的扣子能够遮住它呢？"裁缝和蔼地笑了，回答道，"那样的话还是先把啤酒肚减掉比较好。" 设计师亚历山大·麦昆在其少年时期也在 Anderson & Sheppard 当过学徒，这段时间的历练使得麦昆练就了高超的剪裁技术，为他之后传奇的职业生涯打下了坚实的基础，也使得英式传统的剪裁技艺融合到更为多元化的当代时尚，为更多人熟知。

Bellville Sassoon：高级定制女装

1960 年代起，贝尔维尔·沙逊（Bellville Sassoon）成为英国第一流的高级定制时装品牌，伴随并引领了这半个世纪以来英国高级女装，为包括戴安娜王妃在内的时尚名流设计服装。其中，最著名的服饰是戴安娜王妃在 1981 年参加英国伦敦 V&A 博物馆晚宴时所穿那件流光溢彩的平肩印花礼服，她搭配着 6 层珍珠镶嵌钻石的项链（choker），将贝尔维尔·沙逊的礼服演绎得华美浪漫。

◆ 时装与面料博物馆展览："The Glamour of Bellville Sassoon"海报

事实上，戴安娜王妃的情敌卡米拉（Camilla，Duchess of Cornwall）在第一次婚礼时也选择了贝尔维尔·沙逊的婚纱，并举办了该年度最受关注的婚礼，参加婚礼的客人超过800人，包括女王的母亲与安妮公主。因为人们热爱戴安娜，憎恨卡米拉已成为英国媒体"政治正确"而心照不宣的倾向，甚至抓拍到她在海滩吃冰激淋时的狼狈样子并大肆渲染，她的婚纱也并未受到大众的关注。此外，贝尔维尔·沙逊的顾客还包括Shakira Caine，Blaine Trump，Faye Dunnaway，Princess of Wales，Dame Kiri Te Kanawa，the Countess von Bismarck，Ivana Trump，Madonna，Helen Mirren，Melanie Griffith，Anita Baker等社会名流。

20世纪六七十年代，贝尔维尔·沙逊以剪裁优良的晚装著称，尤其是雪纺绸缎、蝉翼纱与薄纱制成的舞会礼服、鸡尾酒裙以及婚纱。60年代末，沙逊充满了浪漫与梦幻的色彩，并将这种品位赋予他的服饰中，迎来了事业的高峰。1970年代，人们对于高级定制的需求逐渐减少，为使品牌生存，他创立了成衣产品线，因此轻易地通过时装秀与展会获取了英国之外的市场份额，尤其在美国获得了巨大成功。如今，该品牌每年一季的成衣销往全世界的商场，如Harrods，Harvey Nichols，Saks Fifth Avenue，以及Nieman Marcus.

Nutters与"新定制运动"：创新是最好的传承

1969年的情人节，萨维尔街的店铺Nutters由Tommy Nutter与Edward Sexton创办，这两个人曾经一起在Williamson & Ward的Donaldson工作过，该品牌由披头士苹果公司的Cilla Black和Peter Brown资助创立。Nutters引领并推动了剪裁的现代化进程，大胆地任命名不见经传的设计师 Simon Doonan 举办橱窗展览，他们的客户包括大名鼎鼎的披头士乐队成员，滚石乐队创始成员之一米克·贾格尔（Mick Jagger），英国流行歌手艾尔顿·约翰（Elton John）和音乐剧作曲家安德鲁·劳埃德·韦伯勋爵（Andrew Lloyd Webber）。

1969 年，Nutters 将传统剪裁的风格和方法变得现代化；这一现代化进程在 20 世纪 90 年代以“新定制运动”的形式延续着：设计师 Richard James，Ozwald Boateng 和 Timothy Everest 都参与了这个运动。随着租金上涨以及乔治·阿玛尼对于英国定制西服落后现状的批评，萨维尔街的裁缝数量从 20 世纪 50 年代的 40 人左右下降到了 2006 年的 19 人。然而，定制裁衣的生意自 2006 年起开始好转；截至 2014 年 10 月，一个本地在线指南收录了 44 家在萨维尔街及其附近的裁剪制衣店。一些裁缝在 2005 年已经表示担心当地的商业化发展可能会导致本地企业的死亡，作为裁缝，他们中的许多人都是在像地下工作室这样的地方用传统的方式手工制作服装，这样很可能会因为当地房地产市场定价过高而无法这里存活。

到了 20 世纪 90 年代初，现代化进程已经放缓了，萨维尔街的裁缝们其时正在努力寻找和越来越疏远的受众的联系。Richard James，Ozwald Boateng 和 Timothy Everes 这三位裁缝因为在现代市场上复兴了高级定制风潮而闻名，他们每个人都摆脱了萨维尔街的模式并脱颖而出。公关专家 Alison Hargreaves 用了“新高级定制运动”（New Bespoke Movement）这个词汇来整体描述这些“新生代”裁缝们做的事情。1997 年，这三位设计师登上杂志《名利场》，这场运动也因此达到了高潮。新生代的设计师改造了他们店铺的门面，并利用其优势进行营销和宣传；他们对传统的萨维尔街款式造成了挑战，引进一种牵伸加捻丝的原料和“对高定西服的绝佳色彩感”，被视作是“推动了现代西服和高级定制西服的包装制作的发展，用更大胆的面料表现出更多当代风格的剪影”的人，并且着手吸引名流客户，通过连锁超市售卖衣服从而吸引更多国内外的关注，提升他们新裁剪风格的知名度。

2004 年，萨维尔成立高级定制协会，旨在保护和发展萨维尔街和附近街区的高级定制剪裁。会员裁缝们通常被要求要花至少 50 个小时的手工制作时间在每一套两件套西服上。这个协会以及其拥有者，Pollen 房地产公司，正在与威斯敏斯特市议会合作以建立萨维尔街特殊政策区的方式保护这条街的裁剪文化遗产。

过两百年的文化积淀，如今萨维尔街的许多店铺都与各国王室建立起了紧密的合作关系，具有君主授予的皇家权证与英国王室颁发的多种供货许可证。营业范围通常包含晚宴服、西装以至休闲服，选用高级的面料并在制作前经过特殊工艺的定型处理，采用优秀的设计与生产工艺，提供定制服务。

萨维尔街的裁缝们认为“定制”与剪裁有关，被理解为手工剪裁制作的西装；然而，在 2008 年广告标准管理局裁定后，这个术语现在还可以被应用于机器缝制的服装，只要它们是量身裁制的。Kilgour & French 的西装价格至少为 5000 英镑，创意总监 Carlo Brandelli 认为这个价格非常公道。Brandelli 坚称：“这条街上的好几代裁缝们一直都是在低价出售自己的服装，尤其和巴黎的高级时装店的价格比起来。”在西服方面，如今萨维尔街的店铺提供全定制服务（Bespoke Tailoring），半定制服务（Personal Tailoring）和高级成衣（Ready to Wear）。其中，全定制服务是萨维尔街的历史遗产与核心精神，半定制服务是在成衣的基础上按照客户的体型再做修改，成衣虽是直接出售的版型，却也都是手工制作的。在细节上，萨维尔出品的西装扣子采用牛角扣，而不是像大多数西装用树脂扣；且所有的扣眼都是手工锁的；格纹与条纹的西服需要上下相对应；上衣与裤子的口袋分别都有多种款式可供选择。

PEOPLE'S PRINCESS

黛安娜王妃

她身处权力之外，而服装则是她最有力的政治武器。

People′s Princess：黛安娜王妃

黛安娜王妃（Diana Spencer，Princess of Wales，1961—1997）是人们心中永不凋零的英伦玫瑰，她有着许多称号，除了官方称谓“威尔士王妃”之外，其中最著名的就是“平民王妃”（People′s Princess）。

2017 年是戴安娜王妃去世 20 周年，从 2 月 24 日起，在王妃曾经居住过的肯辛顿宫（Kensington Palace）开始举办一场名为“戴安娜：她的时尚故事”（Diana：Her Fashion Story）的展览，向公众展示王妃生前穿过的衣物。其中有一些是她去世后首次对公众展示的服饰，另一些则流落在民间，王室正在加紧寻找。不难看出，此时的英国王室终于进一步公开承认了戴安娜的影响力。

这位平民王妃的爱情故事像是一个悲伤的童话，头顶着“嫁给爱情”的光环走入王室，被认为是全世界最幸运的女人；婚后却逐渐发觉自己是不被爱的那一个人；她经历过无助、自残甚至复仇，终于，她走出丈夫的阴影，摆脱皇室清规戒律的束缚，重新找回自我。她以自信的面貌回归，向需要她的弱势群体全力付出并从中收获人生的价值，收获了民众的爱戴与舆论的支持，却终因一场车祸而陨落。

她身处权力之外，而服装则是她最有力的政治武器。戴安娜的卓越的衣品让她成为全球范围内全球范围内认知度最高、最有影响力的时尚 Icon 之一，她的许多装扮至今仍被视作永恒的经典。福布斯曾评论：“从她走进公众视线开始，她穿的任何衣服都会立马成为时尚界的宣言。”

戴安娜最为人熟知的经典服饰包括 1981 年订婚时身着的淡粉色衬衫，订婚派对时穿的礼服和那件令所有女孩向往的婚纱，与美国男星 John Travolta 共舞时身着的藏青天鹅绒长裙，宽肩干练的日常套装，以及被称为“复仇者”的小黑裙（the Revenge Dress）。她的衣着从最初的保守严谨逐渐走向成熟自信，从她的穿衣风格上可窥探出她的心路历程。

戴安娜王妃的婚纱由当时刚毕业不久的伊曼纽尔夫妇（David & Elizabeth Emanuel）设计，这件象牙色的婚纱古典而华丽，引领了之后若干年的风潮。婚纱花费 9000 英镑，面料选择了真丝塔夫绸和古典蕾丝，上面镶嵌了一万颗珍珠，裙摆长达 7.62 米。这件奢华的拖地长裙廓形蓬松，夸张的泡泡袖，荷叶边的领口，似乎在无所不用其极地营造出“童话”的氛围，铺张浪漫，去迎合人们心中对于“公主”的一切幻想。1981 年，在戴安娜嫁给查尔斯后，她任命 Catherine Walker 为自己的私人裁缝。Walker 深知戴安娜的需求，在此后的 16 年里为她定制了许多优雅得体、剪裁精致的服饰，塑造出一位端庄的英国王妃形象。这位威尔士王妃在最初几年的照片显得稚嫩羞涩，着装也在尽力遵守皇室古板的传统。1985 年是戴安娜的转折点，她逐渐开始找到自己的风格。

◆ 1985 年，戴安娜与美国男星 John Travolta 共舞，身着 Victor Edelstein 藏青天鹅绒礼服

1985 年，戴安娜受美国总统里根的邀请来到白宫，在宴会上与美国男星 John Travolta 共舞。她身着的 Victor Edelstein 藏青天鹅绒礼服在 2011 年的拍卖会上以 51 万英镑的价格售出。1987 年参加戛纳电影节时，身穿 Catherine Walker 设计的吊带裙。这条裙子以格雷斯 · 凯丽 Grace Kelly 在希区柯克的经典影片《捉贼记》中的造型为灵感，被认为是戛纳电影节中最具有代表性的一个装扮。随后，这件礼服被 Julien′s 拍卖行以超过 8 万英镑的价格拍出。

◆ 1995 年，戴安娜与男高音歌唱家鲁契亚诺·帕瓦罗蒂（Luciano Pavarotti），身着 Versace 吊带裙

婚后冷漠的王室以及名存实亡的夫妻关系曾让戴安娜几经崩溃，而查尔斯变本加厉，与卡米拉的公开偷情彻底激怒了戴安娜，她终于从幻想中清醒，她几近绝望又异常冷静地跟朋友说：“查尔斯是不会爱我了，就是不爱，他爱卡米拉。”作为报复，戴安娜也出轨了，就这样他们背叛了各自的婚姻。在后来被曝光的戴安娜发给记者的录音里，戴安娜几乎绝望地说道：“我觉得现在这个世界上最折磨人的病是人们感到自己不被爱。”在那些无助的时刻，戴安娜想起祖母说过的“要想得到爱，必先付出爱”。她把爱倾注到慈善事业上，对艾滋病患者、孤儿、贫困地区的人们给予自己最真挚的关怀，真正地帮助并温暖着那些需要帮助的人们，而她在慈善方面的影响力也在世界范围内蔓延开来。戴安娜曾经说：“我曾经觉得自己的身份（威尔士王妃）是一个巨大的枷锁，直到我意识到它可以帮助到更多人，那么这点小小的痛苦对我来说就不值一提了。”

1986 年戴安娜王妃出访日本时，她根据日本国旗的图案，用一件红色波点装搭配一顶红色宽檐帽，穿出了时髦而前卫的气质；而她出访巴基斯坦等地区时则会选择宽松的衣服遮挡身体的曲线，甚至会戴上头纱。她有一个“关爱衣橱”，以便使自己在探访弱势群体时穿得温暖而平易近人；她佩戴宽大结实的首饰，以便让孩子们玩；她不戴手套，是为了让人们可以握到她的手；她在慰问盲人的时候，需要确保自己衣服的面料可被触知，因此经常选择天鹅绒，其中最著名的便是那件她在 1996 年慰问艾滋病慈善机构时所穿着的红色套装，由 Catherine Walker 设计。1994 年 6 月，在查尔斯公开向媒体承认与卡米拉的婚外情后，戴安娜身穿一条出自常驻伦敦的希腊设计师 Christina Stambolian 的黑色晚装出席伦敦 Serpentine 画廊的夏季派对，这条紧身雪纺裙露出肩膀，搭配黑色丝袜与高跟鞋，魅力四射，因此被媒体称为“复仇之裙”（the Revenge Dress）。

20 世纪 90 年代起，随着戴安娜个人自信的增加，她开始选择一种更加时尚而简洁的装扮，时常穿着膝盖以上的直筒连衣裙出席活动，露出香肩，散发出朝气蓬勃且性感的魅力。这一时期，戴安娜的私人裁缝 Catherine Walker 为她设计出更加性感的服饰，充满着挑衅的意味，其中包括玛丽莲·梦露（Marilyn Monroe）在《七年之痒》中被风吹起的那件经典露背连衣裙的式样。此外，她频繁地选择英国设计师 Jacques Azagury 的连衣裙与意大利时尚品牌 Versace，甚至接连选择两件 Versace 同款不同颜色的吊带裙，而她生前穿过的一件定制款 Versace 淡蓝色礼服曾以 20 万英镑被拍卖。

1995 年，戴安娜身穿 Christian Lacroix 设计的红色礼裙访问巴黎，此时跟王室矛盾加深，女王要求她穿着必须遵循王室礼仪，而戴安娜依然我行我素，穿着这条甜美可爱的红色礼服裙似乎要与王室抗争到底。1995 年 9 月，戴安娜在意大利摩德纳参加慈善音乐会为波斯尼亚儿童募款时再次选择了 Versace 同款不同颜色的吊带裙。1996 年，戴安娜离婚。她身穿时任 Dior 创意总监的 John Galliano 设计的蕾丝睡衣吊带裙参加 Met Ball，这也是她有史以来最为性感的造型。1997 年，戴安娜因车祸逝世。英国版《Vogue》出版王妃的纪念特刊，封面为 Patrick Demarchelier 在 1994 年为她拍摄的旧照。

STYLE AS STATEMENT

音乐与时尚

如果有未曾到访过的人认为伦敦是一个很酷的城市，那多半是因为摇滚乐。

Style as Statement：
音乐与时尚

如果有未曾到访过的人认为伦敦是一个很酷的城市，那多半是因为摇滚乐。从 20 世纪中期开始，英伦时尚与音乐的关系更加紧密。

披头士乐队（The Beatles，1960—1970）代表了伦敦60年代年轻人的生活方式与人生态度，乐队从成立到解散的十年时间成为塑造了今日的精神符码：挑战世俗与权威，触及社会敏感问题，引领音乐与时尚等领域的文化革命，并成为一种全球性的文化现象。人们认同他们的价值观与审美，模仿他们的发型与穿着，从他们的举手投足间找到共鸣，这股“披头士狂热”从伦敦走向了世界。

披头士乐队代表了“摇摆伦敦”的时尚，成为 Mod 风格与嬉皮士风格的偶像，并为切尔西靴的风靡起到了推波助澜的作用，因此，切尔西靴又称为“披头士靴”。披头士们使“披头士狂热”（Beatlemania）这个词汇被正式收录于字典，使男生留长头发变成一件很酷的事，中等长度，齐肩，刘海盖住前额的“Mop-top”蘑菇头发型成为代表了英伦文化与一个时代的风尚。

同一时期另一个 Mod 文化的代表人物是“The Who”乐队，他们以反叛的形象、硬摇滚的演奏赢得了观众的喜爱，鼓手 Keith Moon 常穿的蓝白红三色箭靶上衣成为 Mods 的象征图案。此外，“The Who”将最初用于英国皇家空军的同心圆标志作为时装的元素亮相于摇滚舞台上，成为

◆ Never Mind the Bollocks，Here's the Sex Pistols》，Sex Pistols 1977 年专辑封面。设计师把报纸撕碎，再把碎片粘到粉色的硬纸板上，这张朋克历史上最著名的封面曾受到审查，也让乐队一炮而红

◆ Anarchy in the UK T-shirt，Vivienne Westwood 与 Malcolm McLaren 共同设计，1977-8，Johnny Rotten 曾穿着并改动，现藏于 V&A 博物馆。2012 年 3 月 -8 月，为配合于伦敦举行的 2012 年奥运会，V&A 博物馆举办的《1948-2012 年的英国设计：现代的创新》展览记录了自 1948 年“节俭”运动会以来英国在设计领域的转型，展品包括 Vivienne Westwood 与 Malcolm McLaren 设计的这件 T 恤

◆ 《God Save The Queen》专辑封面使用英国国旗与女王头像，用拼贴的手法为女王蒙上了双眼并在女王嘴巴处写下了乐队的名称

◆ Vivienne Westwood 2010 年的设计被评为年度最佳服饰，巴斯时装博物馆展览，2011 年

Mod 与英国时尚亚文化的标志之一。1979 年，音乐电影《四重人格》（Quadrophenia）的上映带来了 Mod 的复兴，The Jam 乐队是 70 年代末第二次浪潮 Neo Mod 的中坚，主唱保罗·威勒（Paul Weller）也成为 Mod 教父。90 年代，Blur 扛起复兴英伦摇滚的大旗，而他们的装扮代表了 Neo Neo Mod。

1970 年，披头士乐队解散，保罗·麦卡特尼（Paul McCartney）向法院提起诉讼，要求完全解散 The Beatles，并且禁止乐队重组。此后，乐队成员约翰·列侬（John Lennon）与妻子小野洋子一起投身于社会活动，用音乐呼唤和平。1980 年，列侬被枪杀。90 年代，保罗·麦卡特尼的女儿斯特拉·麦卡特尼（Stella McCartney）从中央圣马丁学院毕业，进入时尚界，以环保、现代的设计理念影响了后来的时尚。

当披头士乐队与滚石乐队使摇滚乐的风潮风靡世界，并逐渐失去其抗争性、日趋商业化时，英国再次引领了更为叛逆的朋克风潮。在披头士乐队解散后，维维安·韦斯特伍德（Vivienne Westwood）用她向母

◆ Vivienne Westwood 1991 年春夏季"Cut and Slash"主题鞋履以 17 世纪的技术为灵感并赋予当代诠释，图片摄于 V&A 博物馆，2017 年。事实上，Vivienne Westwood 以超高防水台的设计而著称，英国超模娜奥米·坎贝尔（Naomi Campbell）就曾在其秀场上跌倒，成为人们津津乐道的时尚事件

◆ 1993 年秋冬 Naomi 在 Vivienne Westwood 秀场的画面

◆ Vivienne Westwood 的畅销款式高跟鞋，摄于伦敦店铺，2011 年

亲借来的 100 英镑与她的第二任丈夫马尔姆·麦克莱伦(Malcom McLaren)合伙开了一家叫做"性"(Sex)的商店，出售与摇滚乐相关的商品。麦克莱伦带领着他的几名店员与店铺的常客组成了朋克乐队"性手枪"（Sex Pistols），而韦斯特伍德则为乐队装扮一新，赋予朋克以撕口子、破洞、金属饰品等迥异不羁的专属造型，成为时装界的"朋克教母"。

1976 年，性手枪乐队在伦敦牛津城"The 100"俱乐部举行朋克音乐节的演出全面推动了朋克运动的兴起，而这家俱乐部也至今仍被认为是朋克运动的诞生之地。随即，性手枪乐队推出首张单曲"英国的无府主义"（Anarchy in The UK），不仅单曲本身充满了对权威和政府的挑衅，乐手在接受采访时所说的污言秽语更是引起了公众的愤怒。"上帝保佑女王"（God Save The Queen）原是英联邦王

◆ Vivienne Westwood 宫廷裙，摄于 Kensington Palace

◆ 巴斯时装博物馆"Music and Fashion"展区通过陈列精心挑选的专辑封面讲述音乐与时尚的紧密关联，摄于 2011 年

◆ V&A 博物馆的设计展区有一个专门的主题叫做 "Style as Statement"，时尚即是宣言。展品包括 Sex Pistols 1977 年《Never Mind the Bollocks, Here's the Sex Pistols》的专辑封面，以及 David Bowie 1973 年《Aladdin Sane》的专辑封面红蓝相间的"闪电妆"。图片摄于 2017 年

国及其领地作为国歌或皇家礼乐使用的颂歌，性手枪乐队采用了同样的歌曲名称，把矛头直指英国皇室，将女王忠实的臣民描述成白痴，并在白金汉宫的外墙拍摄了乐队照片。专辑封面使用英国国旗与女王头像，却用拼贴的手法用专辑的名称为女王蒙上了双眼，并在女王嘴巴处写下了乐队的名称，更为不敬的是，设计师竟还在套封里给女王的鼻子加了支代表朋克标志的安全别针。

性手枪乐队成为乐坛上昙花一现的传奇，却影响了英国与整个西方世界70—80年代的思想潮流与意识形态。与音乐相比，朋克风格的服饰影响更为深远。朋克风格的“莫西干头”源自北美地区的一个印第安部落，莫西干族人；朋克风格黑红色彩的格纹源自苏格兰民族的格纹；朋克多重波浪的裙子与荷叶绲边源自英国维多利亚时期的服饰…… 在Vivienne Westwood的手中，这些源自传统的、民族的元素被解构成为极具叛逆的怪诞形象。最初，Westwood的服饰与性手枪乐队相似，思想大于内容和设计本身，她把T恤撕裂，配以破洞的皮裤，在意想不到的地方添加拉链，树立起朋克的标志性形象；80年代起，她愈发注重服饰本身的材质与剪裁，把古典的英伦元素融入自己的设计中，用不规则剪裁和繁复立体的层次给予传统服饰最街头、最当代的诠释。

朋克音乐起源于英国，但朋克风格并未止步于此。就连最具法国情调的设计师Jean Paul Gaultier也曾将朋克高级定制发布在巴黎时装周。2011春夏的发布会上，一些外套以性手枪的歌曲《Anarchy in the U.K.》和朋克乐队The Clash的专辑《London Calling》命名，他的标志款战壕风衣则命名为“我是无政府主义者”。时装秀的邀请函上用安全别针别着一块网眼面料，入场时播放着性手枪贝司手Sid的歌曲《My Way》，模特儿们顶着莫西干发型。今天的朋克已经不同于它诞生之时那般狂妄无畏，它成为一种带着酷劲儿的装扮，从高级定制到街头时尚都随处可见它的身影。

朋克运动自从发起之初就与政治联系紧密，朋克教母Vivienne Westwood更是在自身号召力强大之后身体力行地参与政治活动。当然，依然是以一种惊世骇俗的姿态。2015年9月11日，她为抗议政府采用“水力压裂法”开采页岩气，竟将装甲车开到英国前首相卡梅伦的家门口。离开了前夫后，Vivienne Westwood与年幼自己许多岁的学生Andreas Kronthaler结婚。其他关于私生活的公开信息或许也会出乎我们的意料，她是素食主义者，喜欢园艺。

这样一位反叛到骨髓的朋克教母竟被她曾经公然嘲讽的英国女王册封了骑士

勋章，以表彰她为大不列颠文化所做出的巨大贡献。1992 年，在伊丽莎白女王封 Vivienne Westwood 为 OBE 的典礼上，摄影师在白金汉宫的草坪上拍摄到她未穿内裤的照片。她回应道，听说女王看到这张照片时觉得很好笑。2006 年，她晋升为 DBE，如今她的名字前面要加上尊称“Dame”，中国的粉丝则戏称她为“西太后”。这再次反映出英国人对于平等和民主的尊重，以及另一种英式的幽默。愤怒的无政府主义者可以被封爵，反抗霸权的工人阶级可以宣泄愤怒，高高在上的英国女王可以被戏谑，这样的包容性经过历史的沉淀，才造就今日如此丰富多彩的英伦文化。

在后朋克（Post–Punk）时代，来自伦敦的传奇人物大卫·鲍伊（David Bowie）不仅是华丽摇滚（Glam Rock）巨星，也是为时尚圈带来巨大轰动的偶像。他不断追求新鲜事物并勇于尝试，从事业高峰期的 Ziggy 到略显平庸的迪斯科时代，在他的职业生涯中，粗略计算就已经尝试过将近十种风格。无数明星都曾复刻过他的闪电妆以表敬意，无数设计师将他视为灵感缪斯，T 台上不断复刻着他的经典造型，成为英伦时尚的代表。

2016 年 1 月 11 日，刚发布新专辑《Blackstar》的 David Bowie 去世时，人们说他只是回自己星球去了，他原本就是天外来客。1 月 8 号发布的新专辑中《Lazarus》一曲似乎是他在生日前一天、去世前三天发给全世界的一个死亡预告，他的道别礼。

Look up here, I′m in heaven

看　我身处天堂

OhI′ll be free

哦 我是自由的

Just like that bluebird

如同那蓝知更鸟

Oh　I′ll be free

哦　我是自由的

Ain′t that just like me

这才像我

——Lazarus

David Bowie 在生命中最后一支 MV 里实现了艺术家本人与艺术角色的终极归一，他的生命最终填满了戏剧的色彩。他最后选择的角色 Lazarus 是新约里的复活者拉撒路。圣经里这样记载，拉撒路被葬后四日，“耶稣举目望天……大声喊叫说：‘拉撒路，出来！’那死了的人就出来，手脚都用布巾裹着，脸上也用布包着。耶稣对众人说：‘解开他，让他走。’”

David Bowie 的形象很难用一种风格去定义，他就像一个时尚的变色龙，用时装来引导文化潮流走向，而他每一次形象的转变都使人惊艳。在短短的数年间，Bowie 经历了由 Mod 向 Glam Rock 的华丽转变，又在厌倦了浮夸之后回归优雅的绅士造型。

1969 年，Bowie 凭借《太空摇滚》（科幻摇滚，Space Oddity）一举成名，专辑中太空人 Major Tom 与中央控制中心失联，曲风空幻迷离，暗合了冷战时期个人为集体所摆弄的孤独感。Major Tom 是 Bowie 扮演的第一个虚拟角色，他梳着一丝不苟的短发，妆容与服饰为当时主流的 Mods 风格增添了未来感。Bowie 喜爱读书，尤其是奇怪的科幻小说。即便在转型之后，Bowie 也数次再度尝试未来风格的太空服饰造型，他作为“天外来客”的形象更是深入人心。

1971 到 1974 年，Bowie 发布 Hunky Dory、Ziggy Stardust and the Spiders From Mars、Aladdin Sane 与 Diamond Dogs 四张专辑，以摧枯拉朽之势宣布了华丽摇滚的到来，他雄雌难辨的妖艳形象成为年轻人竞相追随的潮流。这是 Bowie 最为人熟知的 Ziggy 时期，他会穿上有大量色彩的各种材质的连体衣（印花套装），白色丝绸的裤子和上衣，有时是一件白色的斗篷。Bowie 说，“Ziggy”的灵感来于他偶然在伦敦火车站看见的一个裁缝店的名字“Ziggy’s。在接受采访时，他说这是他的私人笑话，因为 Ziggy Stardust 要换很多套衣服，所以给他取名叫“Ziggy”。1973 年，《Aladdin Sane》的专辑封面画上了红蓝相间的“闪电妆”。这年的巡演，他穿上日本设计师山本宽斋（Kansai Yamamoto）设计的舞台服装。这套连体服带有现代主义的几何感，裤腿似传统日式服装般宽大，黑红相间的条纹醒目而鬼魅。

Bowie 代表着华丽，代表着风格，也代表着自由表达的权利。他演唱“Rock N Roll Suicide”时一遍遍地嘶喊着：“Oh no love you’re not alone”，他鼓舞着迷茫的、不知身在何处、也不知该如何定义自己的人们，他让曾经感到耻辱、自我否定的人们去坦诚地表达自我，告诉他们，你不孤单，你很棒。他歇斯底里，却不是在表达愤怒，而是向人类展现出一万种美的可能性。

1975 年，Bowie 推出《Young Americans》后形象大变，以西装革履示人，只是妆容依旧触目，与衣着形成巨大反差。1976 年，在专辑《Station to Station》中，David Bowie 又化身为苍白的公爵，穿上剪裁精良的衬衫、西裤和西装背心，瘦削、病态却风度翩翩，塑造了“瘦白公爵”（The Thin White Duke）的形象。那一年，他一个无意识的手势被摄影师拍到，媒体称那是“纳粹礼”，将他推到风口浪尖。再然后，他经历了“平庸的迪斯科年代”。

1997 年，David Bowie 发布专辑《Earthling》，他身穿着 Alexander McQueen 设计的“英联邦”米字长外套，拍摄了他最著名封面造型之一。

两位同样来自伦敦的艺术家，一个做音乐，一个做衣服，天马行空，不设边界。但两人的价值观及对时尚的态度何其相像！1996 年，当 Alexander McQueen 刚刚开始在时尚界崭露头角时，《Dazed》杂志曾发布过一篇 Bowie 客串编辑采访 Alexander McQueen 的对谈。他们从性、性别、性取向与毒品开始，谈到对时尚的理解、戏剧与艺术，以及“英伦复兴”。

Bowie 注意到 McQueen 的灵感并不局限于服装史，而是随心所欲，他理解 McQueen 的叛逆、哥特式的黑暗与浪漫。他们认同英国在文化的任何一个领域都引领着潮流，从艺术到流行音乐。当聊到喜欢或厌恶的设计师时，Bowie 笑称，自己从不花钱的，Alex！直到……直到遇到你！对，不过我觉得你需要钱！Bowie 说，他要穿 McQueen 做的外套，因为数百万计的人值得看到它。McQueen 笑道，你得说这是 McQueen 做的！

Bowie 的确穿上 McQueen 的米字长外套拍摄了专辑的封面，出席时尚颁奖典礼，并在演唱会中把它当作演出服穿着。

从 Kate Moss 到 Lady Gaga，无数模特儿、歌手、名人曾经模仿、致敬 David Bowie 的装扮，其中最有代表性的是 Kate Moss 为 2003 年 5 月刊《VOGUE》拍摄的封面，致敬 1973 年 David Bowie 在《Aladdin Sane》专辑封面上的闪电妆。

2011 秋冬系列的 Balmain 将上一季的朋克风貌转为华丽摇滚，以 Ziggy 的连体裤为灵感创作出镶满水晶的连裤装，背景音乐也使用了 David Bowie 的《Lady Grinning Soul》。2011 年秋冬的男装发布会上，Dries Van Noten 致敬的是“瘦白公爵”时期的Bowie．模特儿们面孔苍白，像极了那个“终日靠胡椒、可卡因和牛奶维生”的怪诞形象。Miu Miu 2012秋冬系列发布会中，模特的妆容来自Ziggy时期的Bowie，服饰则展现出Bowie西装造型的干练与优美，街头感硬质面料到大胆的新艺术派花纹，同色印花的长裤套装打破了品牌以往的少女气息，增添了中性的帅气。法国高级定制大师Jean Paul Gaultier的设计也经常以David Bowie为灵感，将细条纹连身裤搭配西服，以紧身装配上一头标志性的Bowie发型，还曾将他Ziggy Stardust时期演出时所穿的彩色连体裤搬到了秀场，致敬80年代的华丽。

“Oh bop, fashion. It's loud and tasteless and I've heard it before.”

David Bowie1980年《Scary Monsters》中的单曲《Fashion》以诙谐的曲风嘲讽时尚：“哦，时尚，它喧嚣又无聊”，这首歌在2012年伦敦奥运会闭幕式上成为了“时尚”单元的配乐。

Fashion! Turn to the left

时尚啊！一会这个流行

Fashion! Turn to the right

时尚啊！一会又是那个流行

Oooh, fashion!

哦，时尚啊！

AMY WINEHOUSE: BACK TO BLACK

如果一定要选一位歌手，你一听到他的声音，便会勾起伦敦的魂，那便是艾米·怀恩豪斯（Amy Winehouse）。

她离世时才年仅 27 岁，但她是最伦敦的声音，穿透这座城市的灵魂。

Amy Winehouse：Back to Black

如果一定要选一位歌手，你一听到他的声音，便会勾起伦敦的魂，那便是艾米·怀恩豪斯(Amy Winehouse)。她的音乐杂糅了许多风格，她一生只发布了两张专辑，2003 年，19 岁的她推出首张大碟《Frank》，2006 年推出专辑《Back to Black》。她离世时才年仅 27 岁，但她是最伦敦的声音，穿透这座城市的灵魂。

◆ Amy Winehouse 的雕像在她 2014 年的诞辰揭幕，Scott Eaton 雕塑，位于她生前曾经生活的区域 Camden Town，Stables Market

◆ 这位被称为“毒后”的女歌手穿着一件白色印花棉布短裙就步入了婚礼的殿堂

她代表了当代伦敦阴暗、叛逆、偏执、奇怪的趣味。她穿着白色印花短裙便走入了婚礼的殿堂，一件压根儿不像婚纱的“婚纱”。而这件婚纱，也在她去世后的拍卖会之前失窃。她因为那

◆ Amy Winehouse 与滚石乐队的演出，the Isle of Wight Festival，2007

位几经分和的男友与新郎 Blake Fielder-Civil 做尽了荒唐事，抽烟，酗酒，吸毒，精神紊乱。

她画着浓黑的粗眼线、梳着乱糟糟的蜂窝发髻、嘴角点着标志性的黑痣，画着浓艳的红唇，胳膊上纹满裸女的图案，着装乖张，行事疯癫。她在布兰克威尔先生（Richard Blackwell）第 48 届“10 位最差着装女性”中名列第二，名列维多利亚·贝克汉姆（Victoria Beckham）之后。布兰克威尔先生对她的评价为：“头顶蜂窝，身穿波点，活像 1950 年代的汽车餐馆服务员。”2008 年，当全英音乐奖（NME Awards）提名她为最佳歌手、最佳专辑的同时，也将她评为着装最差劲的歌手。同年，她斩获五项格莱美大奖，成为第一位获此殊荣的英国女性歌手。她的《Back to Black》一度成为英国 21 世纪最畅销的专辑。

Amy Winehouse 被 25 岁以下的英国年轻人评为最受欢迎的女性风云人物，而 2008 年的时尚发布会中随处可见源自 Amy Winehouse 的灵感。在 Dior 的发布会上，模特们吹起了高耸巨大的复古式长发，画着加粗加重的眼线；Vivienne Westwood Red Label，Michael Kors，Viktor & Rolf 等秀场上同样能看到 Winehouse 的标志性妆容与法式；Rei Kawakubo 选用 Winehouse 专辑《Back to Black》中的歌曲作为贯穿整场秋冬秀的主题音乐，并向她疯狂混乱的朋克造型致敬。此外，Winehouse 成为 Karl Lagerfeld 的灵感缪斯，在 Fendi 巴黎新旗舰店开幕派对上献唱，并频频在时尚活动上亮相。

2011 年 7 月 23 日，27 岁的 Amy Winehouse 被发现死于伦敦的公寓中，死因不详，人们猜测她的死是因为长期酗酒和毒品成瘾。 如果说爵士乐是源于苦难与荆棘的音乐，不知为何，这位来自伦敦、年轻的 Amy Winehouse 能够将它诠释得如此直抵人心。当代时尚总能够发掘黑暗之美，她离世后，法国高级定制大师高缇耶（Jean Paul Gaultier）向她致敬，给模特儿画上浓黑的眼线，梳起蜂窝发髻、嘴角点上标志性的黑痣，手中拿着香烟，烟视媚行；前迪奥（Dior Homme）设计师艾迪·斯理曼（Hedi Slimane）公布了一组他为生前的 Amy Winehouse 拍摄的写真，以写实的手法铭记真实的她；英国时尚品牌弗莱德·派瑞（Fred Perry）品牌发布 Amy Winehouse for Fred Perry 女装系列，并将此系列所得的收入捐赠予即将建立的 Amy Winehouse 基金会。2015 年，英国传记电影《Amy》发行，讲述她短暂的一生、她的毒瘾与抗争、她的情感与疯狂。

BRIT INVASION
英国入侵

我得承认，在书本中看到的作品无论多么波澜壮阔，也不及身临其境带来的震撼其万分之一。再一想，自己在亲眼看到这些作品之前，已经对它们有了大致的印象，所以能够穿越时空与之对话，感受共鸣。

◆ 莎拉·伯顿（Sarah Burton）执掌的 Alexander McQueen 女装高级成衣与细节图，2011 年秋冬，摄于伦敦邦德街旗舰店

Brit Invasion：英国入侵

申请国外大学的面试中通常会遇到这样的问题：“你为什么选择来这里学习？”

我对面试官说，因为 Alexander McQueen。

他会心一笑，这是一个能够表明我懂得伦敦的答案。

跨专业申请出国之前，我自己啃下了《时装史》《时装社会学》等相关书籍，当时网络还没有那么发达，在低像素的黑白图片中，我第一次看到 Lee 的秀场，那种浪漫无以言表：充满力量、令人敬畏、富有性别魅力，也让人们看到了时尚应该是什么样的——层层叠叠、充满视觉冲击力、像是一个表达出黑暗与些许人性光辉的幻觉。震颤灵魂。

后来才读到，他绽放光芒的那个时代，西方媒体宣称：“伦敦征服了巴黎。”

于是，2009 年秋天，我去了伦敦。

◆ Alexander McQueen 伦敦邦德街旗舰店橱窗，2011 年秋冬

◆ John Galliano针织裙，1984年设计，摄于V&A博物馆，2017

2010年2月11日，我在地铁的报纸上看到，Alexander McQueen在伦敦家中自缢身亡。

毕业后，我来到他创建的帝国，那是我人生中第一份带薪工作。我得承认，在书本中看到的作品无论多么波澜壮阔，也不及身临其境带来的震撼其万分之一。再一想，自己在亲眼所见这些作品之前，已经对它们有了大致的印象，所以能够穿越时空与之对话，感受共鸣。

我与伦敦这座城市，也在此画上句号，心满意足。仿佛冥冥之中注定如此，就该如此。

◆ John Galliano 1987年的设计获得最佳年度服饰，陈列于巴斯博物馆年度时装展；他的设计作品与平面广告频频亮相于时尚展览

当“英国入侵”（Brit Invasion）从20世纪60年代中期起以摇滚与朋克的名义登陆美国，并彻底改变了流行乐，20世纪末期，这股入侵的狂潮则在两位来自英国时尚设计师：John Galliano与Alexander McQueen的带领下从巴黎开始，再次征服了世界。

《Vogue》杂志的时尚编辑Sarah Mower曾写过一篇文章，题目是：“当时尚叛徒John Galliano和Alexander McQueen登陆Dior和Givenchy时，巴黎时装永远改变”。

Galliano和McQueen，一位是水管工的儿子，一位是出租车司机的儿子。他们分别执掌了迪奥（Christian Dior）与纪梵希（Givenchy），引领了时尚设计师像摇滚巨星一般耀眼的时代。他们同样毕业与英国圣马丁艺术学院，具有将时装秀转化为戏剧性

◆ Alexander McQueen 2010 设计的 "Lara Bohing" 婚纱使用古典蕾丝，既浪漫又充满了现代感，摄于巴斯博物馆婚纱展，2011 年。同年，英国凯特王妃的婚礼聘请 Alexander McQueen 的继任者莎拉·伯顿（Sarah Burton）为她设计婚纱，伯顿以维多利亚风格为灵感，采用手工制作的古典蕾丝贴花，将英国传统工艺与现代设计的简洁完美融合

事件的能力。除了天马行空的想象力，这两位大师同样是功底深厚的技术大师，尽管他们都不会说法语，但他们与高级定制裁缝、刺绣师的交流却游刃有余。

Galliano 甚至将一大批英国的天才带到巴黎，包括的第一助手 Steven Robinson，化妆师 Pat McGrath，发型师 Guido Palau ，帽子设计师 Stephen Jones，以及场景设计师 Michael Howells ，以及负责音乐的 Jeremy Healy．他们创造了无数最辉煌的发布会。2001 年，McQueen 离开纪梵希，将自己 51% 的股份出售给 LVMH 的竞争对手 Gucci 集团。2011 年，Galliano 因为公开反犹太主义的言论引起舆论哗然，被迪奥解雇。

Alexander McQueen，这位伦敦东区出租车司机的儿子奠定了当代伦敦的时尚格调。因为叛逆，他被称作 "坏孩子" （enfant terrible），熟悉的人则叫他 Lee。McQueen 从小就热爱设计衣服，16 岁时在伦敦高级定制的殿堂萨维尔街（Savile Row）开始了学徒生涯，先后在 Anderson Shepherd 与 Gieves & Hawkes 工作，打下了坚实的英式剪裁与缝纫功底；而他在剧场服装

◆ 摄于 "Showstudio：Fashion Revolution" 展览，Summerset House，2009 年

◆ Alexander McQueen 1996 年的设计获得最佳年度服饰，陈列于巴斯博物馆年度时装展

◆ Alexander McQueen，1998 秋冬 'Joan' 系列 摄于Royal Academy "Fashion Art Identity" 展览，2011 年。红色与面纱传达出女性的强势感，而蕾丝面料的轻柔则平衡了这种力量

品牌 Angels & Bermans 积累的工作经验则为他日后充满戏剧性的表达奠定了基础。此外，McQueen 曾为戏服设计师立野浩二（Koji Tatsuno）与意大利时尚宗师 Romeo Gigli 工作，丰富的工作经历与多元文化的接触为他打开了充满想象力的灵感源泉。

叛逆顽童：破坏与解构

McQueen 最先为人熟知的代表性设计叫做“包屁者”超低腰露臀牛仔裤（bumsters），其惊世骇俗的大胆风格一经推出便震撼了时装界。20 世纪 90 年代，伦敦的女性开始拥抱嬉皮士风格的低腰牛仔裤，而 McQueen 推出了更为挑衅的设计：牛仔裤恰如其名，腰线低到仅仅能够包住屁股，“股沟”却暴露无遗。McQueen 创造出打破历史极限的性感魅力，面对大众的热议，他回应道：“我的初衷是想要拉长女人身体的比例，而非暴露臀部。对于我而言，臀线是人体最为性感的一部分。”

In McQueen's Words

“[With 'bumsters'] I wanted to elongate the body, not just show the bum. To me, that part of the body—not so much the buttocks, but the bottom of the spine—that's the most erotic part of anyone's body, man or woman.”

——The Guardian Weekend, July 6, 1996

◆ 莎拉·伯顿（Sarah Burton）执掌的 Alexander McQueen 女装鞋履与配饰，2011 年秋冬，摄于伦敦邦德街旗舰店

“憎恨女性”的设计师

McQueen：“I like men to keep their distance from women, I like men to be stunned by an entrance.”

亚历山大·麦昆（Alexander McQueen）被认为是一位厌恶女性的设计师。他在配饰中喜爱使用骷髅元素，骷髅丝巾成为品牌最具辨识度的标志单品。他离世前的最后一个系列，发布于2010年的犰狳鞋（Armadillo）创造了历史新高度，因为外形酷似龙虾爪或驴蹄，因此被称为“驴蹄鞋”。只有Lady Gaga那样勇于挑战的流行天后敢于挑战它，这双充满超现实感的摩天高跟鞋成为Gaga心中的旷世杰作。在她最著名的单曲《Bad Romance》中，Gaga身穿McQueen为她量身打造的服饰，将梦幻与浪漫演绎到极致。

这双犰狳鞋要将脚踝绷成90度，穿着者几乎难以正常行走，被认为是“恐怖的”“憎恨女性”的设计。对于媒体和大众的质疑，他回应道：“女性的性别是危险的，甚至带着死亡的气息。因此，男人对女人的欲望应该略带着恐惧。”他希望男人与女性保持距离。他所塑造的女性形象美得如此惊人，以至于男人不敢轻易地与之牵手。在这个意义上，女人的穿着是为了使男人保持距离，而不再是去引诱男人，时装的符号成为女人的防御武器。

戏剧性

再也没有人能够像Alexander McQueen一样，将时尚发布会变成一场场极具戏剧性、充满情绪张力的表演。他让模特儿在T台上化身为翩翩起舞的蝴蝶，一袭白裙被两把装有喷色设置的机械臂当场喷绘出抽象的色彩，他用棋盘格隐喻政治，给模特儿吊上钢丝，开创秀场内下雨的场景，用投影和幻影来表现“死亡之美”，而每场惊世骇俗的秀场背后，又都是着深刻而宏大的主题和寓意，从战士、宗教到人类、自然。但，这些理念并不会喧宾夺主。他能够熟练掌握对立的平衡感，将英式定制剪裁、法国高级时装工艺与意大利手工制作等技艺恰到好处地运用，他的服饰无论在任何技艺上都无可挑剔。

Alexander McQueen 的创作灵感并不局限于历史，而是致力于人性更根本的层面。有来自 Joel-Peter Witkin 的新天主教派恐怖摄影，锐舞文化，甚至异教徒的东西。他曾坦言自己从萨德侯爵那收获了一些影响，觉得他是一个很伟大的哲学家，但在他的时代，人们把他视作变态。萨德侯爵，原名当拿迪安·阿尔风斯·法兰高斯·迪·萨德（Donatien Alphonse François，Marquis de Sade），一位18世纪法国伟大的情色作家，宣扬性暴力和性虐待以及违反伦常的哲学，也畅想了一个解除一切束缚的无政府的世界。当伦理道德或甚至法律的禁制不复存在，人们仿佛可以回到最原始的状态。一切都是赤裸裸的，一切都可以被允许的。

Alexander McQueen：Savage Beauty《野性之美》

Alexander McQueen 离世后，他的个人回顾展“野性之美”（“Alexander McQueen：Savage Beauty”）于2011年5月4日至7月31日在纽约大都会艺术博物馆举行，该展览成为大都会艺术博物馆建馆 140余年以来最受欢迎的8个展览之一，参观人数仅次于“图坦卡蒙的宝藏”（1978），《蒙娜丽莎》（1963）及“毕加索”（2010）三大展览。展览以“浪漫”为轴线，分为六个部分：浪漫的思想、浪漫哥特与“珍宝馆”、浪漫的民族主义、浪漫的异国情调、浪漫的原始风情与浪漫的自然主义。“浪漫的思想”讲述 McQueen 从 Savile Row 的学徒时期起所奠定的扎实的剪裁功底，他以浪漫天才的思维对古老剪裁传统重新解读，通过不循规蹈矩的剪裁和结构推翻了规则，却保留了传统；“浪漫哥特与珍宝馆”讲述 McQueen 敢于挖掘人性的阴暗面，并通过服饰将其诗意化地表达；“浪漫的民族主义”讲述 McQueen 的苏格兰基因，他对苏格兰历史的缅怀以及对苏格兰纹的解构；“浪漫的异国情调”讲述 McQueen 设计中来自世界各个时空的异域元素，包括遥远印度的爱情故事；“浪漫的原始风情”讲述 McQueen 来自非洲原始部落的灵感；“浪漫的自然主义”则回顾了他来自于大自然的色彩、光影与灵感。

1. 浪漫的思想 Romantic Mind

“You’ve got to know the rules to break them. That’s what I’m here for, to demolish the rules but to keep the tradition.”

2. 浪漫哥特与“珍宝馆” Romantic Gothic and Cabinet of Curiosities

“People find my things sometimes aggressive. But I don’t see it as aggressive. I see it as romantic, dealing with a dark side of personality.”

3. 浪漫的民族主义 Romantic Nationalism

“The reason I’m patriotic about Scotland is because I think it’s been dealt a really hard hand. It’s marketed the world over as bagpipes. But no one ever puts anything back into it.”

4. Romantic Exoticism 浪漫的异国情调

"I want to be honest about the world that we live in, and sometimes my political persuasions come through in my work. Fashion can be really racist, looking at the clothes of other cultures as costumes. That's mundane and it's old hat. Let's break down some barriers."

5. Romantic Primitivism 浪漫的原始风情

"I try to push the silhouette. To change the silhouette is to change the thinking of how we look. What I do is look at ancient African tribes, and the way they dress. The rituals of how they dress. There's a lot of tribalism in the collections."

6. Romantic Naturalism 浪漫的自然主义

"I have always loved the mechanics of nature and to a greater or lesser extent my work is always informed by that."

McQueen最后的杰作，2010春夏系列以"柏拉图的亚特兰蒂斯"(Plato's Atlantis)为主题，以强烈色彩的各式蛇皮、鲨鱼皮纹理打造出使人晕眩的感觉，恍惚间会觉得，那些模特而是来自未来海底的美人鱼。

伦敦给予McQueen无尽的灵感，而McQueen则用人类可能达到的极致的想象力回馈了这座城市的所有赠予。

"You always expected the unexpected with Alexander McQueen,"

——Helen Boyle.

以上所提到的自然，花卉，童趣与叛逆、阴暗、暴力有时也会全部出现在同一位英国设计师的作品中。如果你足够了解英国人，你会发现他们自身常常集合了以上所有的矛盾性。Alexander McQueen 的发布会以浪漫的哥特美学著称，但同样重要的是，他热爱自然，并曾在 2009 年的春夏系列营造出一个动物的世界，自己则穿着一身童真的兔子服谢幕。意料之外，却也在情理之中。

Kate Moss

与英伦设计师 John Galliano 和 Alexander McQueen 紧密联系的另一位时尚弄潮儿便是英国超模 Kate Moss。她瘦骨嶙峋，个头不高，却成为最能够诠释当代英伦时尚的模特儿，是艺术家与设计师的灵感缪斯。她屡屡被评为最会穿衣的女性，并与英国快时尚品牌 Topshop 合作推出 Kate Moss 系列。她是两位设计师的好友，将 John Galliano 和 Alexander McQueen 的发布会诠释得几近完美。

2006 年秋冬，在 Alexander McQueen 的秀场上，Kate Moss 留下了时装 T 台上最经典的一幕：临近尾声时，她的幻影出现在舞台上，如梦如幻，忽隐忽现，似缭绕于人世的鬼魂，又像是来自于仙界的精灵。McQueen 与光学艺术家 Baillie Walsh 合作，为 Kate Moss 打造了开创性的舞台艺术，以隐喻那些在库洛登战役中失去了丈夫的寡妇。2011 年，Kate Moss 参演 McQueen 的纪录片《McQueen and I》。

CITY & STYLE

伦敦时尚地图：购物天堂

/陆

除去英伦时尚几百年来所积淀的独特符码，作为世界老牌时尚之都的伦敦也形成了鲜明的城市氛围，包括演变为时尚地标的物化空间：商业中心、时尚街区、博物馆、创意市集、综合型文化中心等时尚地标，时尚产业人才的培养与吸引与伦敦时装周、时尚展览等规模性时尚事件。

伦敦是时尚零售与购物的天堂。在伦敦时装街中，牛津街（Oxford Street）和摄政街（Regent Street）以高街品牌旗舰店为主，包括英伦街头时尚的代表Topshop，运动品牌Nike等。牛津街上既有连锁百货John Lewis与Mark & Spencer的大型商店，也有以Selfridges为代表的大型商场，牛津街与摄政街的交叉处便是Liberty百货公司。邦德街（Bond Street）和思罗恩街（Sloane Street）则云集了国际奢侈品牌旗舰店，以伦敦设计师品牌Alexander McQueen为代表，思罗恩街（Sloane Street）的转角处即是赫赫有名的哈罗德百货商场（Harrods）。卡尔纳比街（Carnarby Street）与国王路（King’s Road）是青年亚文化的发源地，于20世纪60年代成为英伦时尚和年轻文化的展示窗口，聚集着本土设计师和时尚达人。萨维尔街（Savile Row）是高级定制男装的圣地，这里的许多店铺都曾获得皇家认证，并会在店铺内展示王公贵族穿过的服装。

伦敦百货商场的几大代表哈罗德（Harrods）、塞尔弗里奇百货（Selfridges）、利伯提百货公司（Liberty）均有百年以上的历史积淀，以各自鲜明的品牌特色吸引着不同的客户群体。哈罗德历史悠久，又因其与黛安娜王妃的渊源，吸引着国内外的游客瞻仰，橱窗风格浪漫而梦幻，营造着一幕又一幕的童话故事。塞尔弗里奇百货则是更受年轻人欢迎的商场，这座商场与伦敦艺术大学合作，每年毕业季都会在其橱窗中展示伦敦艺术大学优秀毕业生的作品。利伯提百货公司英伦范儿十足，橱窗的风格前卫而文艺，吸引更多的是英国知识分子和创意产业工作者。

伦敦丹佛街集市（Dover Street Market）是前卫时装概念店的代表，由日本时装设计师川久保龄创立。丹佛街集市位于伦敦市中心丹佛街上一座乔治亚风格的建筑，共有六层，总面积达1200平方米。这是一家集结了上百个奢侈品牌的店铺，未完成的装置、旧杂志、古董家具与新季时装、珠宝首饰不经意地堆积在一起，多元文化在此碰撞。与普通的时装店铺相比，这里更像是一个游乐场，一个开放式的创意空间，一座博物馆。丹佛街集市每半年进行一次陈列更新，邀请来自世界各地的设计师和策展人聚集于此，打造他们自己的小空间。

REGENT STREET

英国第一时装街

在 19 世纪，摄政街成为伦敦的时尚中心，售卖具有异域风情的产品，吸引了皇室贵族与上流社会前来购物。经过了历史的演变，这里逐渐发展为伦敦城市的地标，如今依然是伦敦市民最重要的购物街区之一。

Regent Street：英国第一时装街

闻名遐迩的摄政街（Regent Street）位于伦敦的中心，建成于1825年，它以热爱时尚的摄政王（后来的乔治四世）命名，是由伦敦市政规划的第一批建筑与街道，由建筑师约翰·纳什（John Nash）设计。在19世纪，摄政街成为伦敦的时尚中心，售卖具有异域风情的产品，吸引了皇室贵族与上流社会前来购物。经过了历史的演变，这里逐渐发展为伦敦城市的地标，如今依然是伦敦市民最重要的购物街区之一。20世纪70年代，摄政街面临着新兴时尚街区的挑战，它虽然失去了“第一时装街”的地位，却仍是最具有“英国性”的典型时尚街区，每年都会举办数场大型时尚活动与游行，并从1882年开始就有了在每年圣诞节期间点灯装饰的传统。英伦风格的代表品牌雅格狮丹（Aquascutum），积家（Jaeger），奥斯汀·里德（Austin Reed）均诞生于此。

雅格狮丹（Aquascutum）创办于1851年，也就是伦敦举办万国博览会的同年。品牌创始人约翰·埃玛莉（John Emary）最初将店铺开在摄政街46号，并于1901年搬至这条街道的100号。1853年，由于该品牌的防水风衣成为标志性产品，创始人便将品牌名称改为“Aquascutum”，是拉丁文中防水的意思。如今，这个品牌成为英伦风格的代表，它的花呢格纹也成为不列颠文化的象征性符号。积家（Jaeger）的旗舰店坐落于摄政街的200—206号，这个品牌创办于1884年，并于1935年迁至摄政街，是英国最著名的高档羊毛服饰品牌，奥斯卡·王尔德（Oscar Wilde）是这里的常客。奥斯汀·里德（Austin Reed）始创于1900年，讲究剪裁缝制与定制的工艺，是备受英国贵族青睐的服饰品牌。它在摄政街的旗舰店（103—113号）有超过90年的历史，是一栋具有装饰艺术装潢风格的建筑，这栋店铺于2011年出售给了潮牌Superdry．就像Austin Reed的命运一样，这条街道上的时尚店铺几经更迭，如今不仅是一个国际化的街区（全球最大的玩具店Hamley's与苹果的旗舰店均坐落于此），而且依然保留着最均有英伦特色的品牌（如经典英伦品牌Burberry，Hackett，英国百年香水品牌Penhaligon′s，英国新锐鞋履品牌United Nude，还有英国高端茶叶与茶具品牌Fortum & Maison）。其中，最具有历史厚重感与英伦文化特色的当属位于210—220号的百货公司利伯提（Liberty）。

LIBERTY
最具艺术气质的购物天堂

"Liberty 百货是那些最具艺术气质的购物者的天堂。" ——奥斯卡 · 王尔德

Liberty：最具艺术气质的购物天堂

如果你在伦敦问一个艺术家、画廊经理或其他与文化创意相关的潮流人士，你最喜欢的购物中心是哪一个？

他们一定会回答：Liberty。

对于具有艺术气质或需要彰显自己艺术气质的人们来说，这仿佛是一个永远不会出错的标准答案。

“Liberty 百货是那些最具艺术气质的购物者的天堂。”——奥斯卡·王尔德

“Liberty is the chosen resort of the artistic shopper.” ——Oscar Wilde

◆ Liberty 的橱窗就像一个大 Bazaar，虽有来自东方的神秘情调，但 Liberty 独具特色的印花产品与悬挂的英国国旗透露出了它一贯的英伦风格，细节处的装饰怪诞不经，充满趣味。摄于 2009 年圣诞前夕

◆ Liberty 充满艺术气息的橱窗设计：Phillip Lim 的新一季服饰被悬挂起来，而模特儿只穿了一双高跟鞋背对着顾客，没有一丝情色的意味，显得率性而洒脱。图片摄于 2010–2012 年

这座最具有英伦特色的百货公司由 Arthur Lasenby Liberty 创建于 1875 年，自从创建之初起便置身于英国的几场最具影响力的美学运动与时尚革命的中心，从 19 世纪的东方主义美学（Orientalism and Aesthetic dress），20 世纪初期的新艺术运动（Art Nouveau）与装饰艺术运动（Art Deco）到当代英国的时尚革命，利伯提百货公司都起到了不可忽视的作用，并在 140 多年的发展中形成了强烈而鲜明的自身风格。因此，这里不仅是英国的时尚地标，也是英国精神的象征。

1875 年，创始人 Arthur Liberty 受到英国万国博览会的启发，靠着向岳父借的 2000 英镑在摄政街的 218 号开设了自己的店铺，经营具有东方色彩的丝绸服饰与来自远东的商品。这

家店铺一经开业便大受欢迎，此后，Arthur 几经扩张店面，并于 1924 年修建了利伯提百货公司如今的建筑。

这栋四层的都铎式建筑在摄政街上显得特立独行，以黑色木头装饰白色的主体结构，有充满几何感的高耸的双面斜顶、突出的墙体和小型的方格玻璃，长排的窗户让整栋建筑轻盈透亮。而店铺的内部木制材料则完全来自 19 世纪的英国皇家海军的两艘退役军舰，直到现在这里的装潢仍延续着最初成立时的风格，踩在楼梯的原木地板上，会发出咯吱咯吱的响声。店铺的视觉陈列力求营造出居家客厅的温馨感觉，呈现出温暖的色调，利伯提经典的印花面料与厅房内的精美壁炉增添了当时英国中产阶级舒适的居家氛围，充满着历经岁月沧桑后的古典与优雅。这里陈列着全球各地的商品，从非洲的木雕，兴都库什山的地毯到中式古典家具，从大捆的布料到银质的纽扣，从国际奢侈品牌到售卖英伦玫瑰的花店，仿佛被精心营造成了一个充满异域风情的大市集（bazaar）.

利伯提百货公司是英伦文化兼具传统与前卫的典型缩影，异域风情与英伦特色相融，积淀出了深厚且鲜明的品牌特色。利伯提百货公司的诞生与英国掀起的工艺美术运动（Arts and Crafts Movement）紧密相连，他们从物品的采购到自营商品的生产都成功地将美学理念、优雅品位与商品的功能性完美地结合。在 19 世纪浪漫主义运动与东方主义美学的背景下，利伯提百货弘扬古典主义与精神自由，成功地营造出东方情调的主题，他们设立的东方商品部成为伦敦最时髦的场所，吸引了大批顾客前往；这家百货不仅出售来自日本的和服、远东的印染纺织品与装饰物，并且聘请艺术家设计生产出大量模仿东方图案的面料，充满了神秘、前卫和个性解放的魅力。在新艺术运动（Art Nouveau）与装饰艺术运动（Art Deco）的盛行时期，利伯提百货追求自由与创造性，所售的面料、织物、家具甚至餐具都是当时最流行的物品，线条自然流畅，充满装饰性。

诞生于 1875 年的利伯提印花（Liberty Art Fabrics）是利伯提的代表性商品与核心文化，其印花布料被各大装饰艺术博物馆收藏并频频出现在时尚展览中，利伯提特地为此成立了印花档案馆，具有重要的历史价值。这里有一整层的面料部门（Fabric Department）陈列自己出品的面料，包括花卉图案、涡纹、几何图形与专为服装设计的布料。整捆的铺陈着印花布料有一种老派布庄的历史感，其中最受欢迎的是Betsy碎花，Ianthe抽象花朵以及孔雀羽毛。利伯提不仅出售整块的面料装饰英国人的家庭，并且将碎花面料制成丝巾、衬衫、连衣裙、手提袋等时尚产品和家居用品，这里经营的香料包、文具袋、雨伞、相框、杯子等各种小饰品上也染印着他们设计的图案，极具品牌辨识性。利伯提印花（Liberty Art Fabric）频频与艺术家跨界合作设计印染面料的图案，其中最具有历史意义的合作对象当属英国社会主义活动家、工艺美术运动的代表人物威廉·莫里斯（William Morris）。以威廉·莫里斯为代表的拉斐尔前派艺术家为利伯提设计的织物、壁纸与装饰品直到今天仍然是这里的重要商品，这些众多的印花纹样经久不衰，几乎形成了我们对于英伦设计的第一印象。利伯提从1875年起便与设计师们建立了紧密的合作关系，从Silver Studio的Arthur Silver到20世纪60年代青年革命的领军人物Foale and Tuffin，及至法国设计大师Yves Saint Laurent与英伦朋克教母Vivienne Westwood。如今，利伯提印花每年都会与流行品牌合作，为Nike，Dr Martens，Uniqlo，Acne Studios，Hermes，Marc by Marc Jacobs等国际潮牌注入英伦传统的田园风情，同时也使这家百货公司焕发着新的生机。

"I was determined not to follow existing fashion but to create new ones."

——Arthur Lasenby Liberty

SELFRIDGES
伦敦街头的一抹黄

“每一个橱窗都会像一幅画，当人们看到它们的时候会想象到自己，身临其境一般走进那些故事里。可能，橱窗里有一个帅哥正深情地望着一个美女，他俩也可以一起开车……”——影视剧《塞尔福里奇先生》

Selfridges：伦敦街头的一抹黄

伦敦牛津街上经常会有衣着时髦的人们拎着明亮黄色的购物袋，这一抹亮黄色便是来自 Selfridges 的色彩。

如果说 Liberty 百货公司是最受中产阶级与艺术家欢迎的购物场所，成立于 1909 年的塞尔福里奇（Selfridges）百货公司则是一个致力于服务所有阶层的时尚王国。当时伦敦的阶级划分依旧十分严重，即便是商场也是如此，几乎所有的商场都聘请专门的 floor walker（商场的楼层巡视员），如果不买东西很可能被“请出去”，高档商场专属于上层社会，并营造出拒平民千里之外的气氛。而塞尔福里奇百货公司则打破了这一观念，它在开业之初就提出了“open to the world”的口号，不仅没有楼层巡视员，还将自己定位成上层阶级和中下层阶级都能出入的消遣场所。这一举动直接冲击了英国的阶级划分，并且重新定义了购物的概念，强调更具有现代性的“民主”与“平等”。

塞尔福里奇百货的创始人是来自美国的传奇人物哈里·戈登·塞尔福里奇先生（Harry Gordon Selfridge）。他 18 岁时就进入了芝加哥著名的马歇尔·菲尔德（Marshall Fields）百货公司，并凭借他出色的能力从一个最底层的仓库管理员一步一步走到了总经理的位置。在欧洲旅行的时候，他察觉到了一个奇怪的现象：为什么欧洲顶级的百货公司大都在巴黎，而在作为商业中心的大都市伦敦却寥寥无几？看到市场商机后，他立刻决定投资在伦敦牛津街开设一间百货商场，把摩登的美国商业模式和零售方法引入伦敦。于是，这个年近半百的美国人前往伦敦创业，在牛津街的一摊壅水上建起了一个耀眼的时尚王国，而塞尔福里奇本人也由于其为英国所做出的杰出贡献从一个普通的美国商人摇身一变，成为“牛津街伯爵（the Earl of Oxford St.）”。

回想 1909 年，戈登·塞尔福里奇创立塞尔福里奇公司对于英国百货业的冲击堪称一次零售革命。此前的商场都是从小店铺做起并逐渐实现扩张的过程，而塞尔福里奇百货公司则从最初就做了大胆的规划，通过贷款与寻找股东在牛津街当时还算是较为偏远的位置建起了一个醒目的专属建筑，这座七层高的大楼见证了伦敦牛津街的百年变迁，成为这条著名的街道上的地标性建筑。

在开业之前，塞尔福里奇先生便在十几家媒体上投入史无前例的巨额广告预算，仅仅一周时间内就有多达 100 多页的广告曝光量，使塞尔福里奇商场的开业成为伦敦市民津津乐道的大事件。1909 年 3 月 15 日，新开业的塞尔福里奇吸引了 9 万人前往参观，将牛津街围得水泄不通。塞尔福里奇百货开业之日的巨大成功不仅仅来自其丰富的物质商品，更因为他们所信奉与宣扬的生活方式，他们宣称自己为“伦敦最伟大的商店”，成为伦敦备受关注的文化与社会现象。塞尔福里奇先生与媒体建立了紧密的关系，在开业之初将商场作为富有创新性的事件营销吸引了大量的媒体报道，大部分新闻宣传甚至没有支付广告费用。

塞尔福里奇百货提出“为了愉悦体验而购物”的理念，认为商场不只是卖场，这打破了传统百货公司为了购买必需品而逛街的思维。如果在塞尔福里奇百货里逛上一天，顾客会有一种很舒适的感觉，这可能不仅仅是因为充满艺术气息的景观、经常更换的鲜花、现场演奏的音乐和空气中弥漫的芬芳。顾客的购物体验是塞尔福里奇百货最开始就看中的，“customer-friendly”这一原则被铭刻在了百货商店的文化基因里。

今天的商场总会在入口处便弥漫着香水与各种美妆产品的气味，为顾客营造出清新愉悦的氛围。而这一贴心的细节设计也是由塞尔福里奇先生所首创的，他们是全球首家将美妆专柜设在入口的百货公司，充分挖掘美妆产品在百货公司的潜力。塞尔福里奇先生把高利润香水柜台搬至一楼最前方的中心位置，令顾客可以在一进店便看到并感受到它的魅惑，他还把其他美妆产品从柜台中“解放”出来，使女人们可以自由试用产品，而不是在玻璃柜前远观。也有传闻说，牛津街上当年马车熙攘，香水有助于掩盖异味。此后，将香水和美妆产品柜台设置在入口处也就成了现代商场的惯例。

塞尔福里奇认为购物是一种有乐趣的冒险奇遇，顾客不论是待 5 分钟还是 55 分钟，他们的体验都应该是愉快的，塞尔福里奇百货应该持续地为所有顾客保持“新鲜感”与“吸引力”。在开业当年就发生了一件震惊英法两国的大事：1909 年 7 月，法国人 Louis Bleriot 驾驶飞机飞越了英吉利海峡。仅仅一个月后，他驾驶的这辆单翼飞机就出现在了塞尔福里奇的百货商场。1925 年，电视的发明者贝尔德在 Selfridges 首次展示了电视机的最原始型，塞尔福里奇在商场里率先销售电视，还特别在楼顶建造了一座天线杆，在伦敦散播现场录音。塞尔福里奇通过这种方式告诉大家：要想接触最新鲜、最潮流、最好玩的东西，就来塞尔福里奇百货。科学与时尚，这两者看似遥远的内容被这座游乐场如此巧妙地结合了起来，使得科技显得触手可及，也使得商场不再仅仅是一个购物的场所。

女性顾客是商场消费的主力，而塞尔福里奇也率先高举女性主义旗帜，曾为拥护 “Suffragettes” 妇女参政论者而特别布置橱窗，还建立了百货公司史上的第一间女厕。除了拉近女性与化妆品的距离，他还大力支持女性运动，特地为女性运动布置橱窗，开办伦敦首家女性手枪俱乐部。也正因为他对女性的特性、周到，塞尔福里奇百货的橱窗在轰轰烈烈的女权运动中没有被砸。现在的塞尔福里奇百货商店还有目前世界上最大的女鞋部门：The Shoe Galleries。在这个鞋廊内陈列了 150 多个品牌的鞋类产品，款式多达 4000 多种，而鞋子数量更是达到了惊人的 65000 多双，也就是说如果每天换一双，这些鞋够你穿上 178 年。

塞尔福里奇先生提出的许多创新概念被沿用至今。比如 1 月份作为削减库存的折扣销售月；将地下一层作为处理库存产品的折扣销售区；将戏剧体验首次带到了购物场所中…… 在塞尔福里奇先生看来，一家店应该像一首听不厌的歌。自开业之初，塞尔福里奇百货就在积极地谋求变化，不断地尝试更新、更年轻、更时尚的活动、艺术与跨界。直到今天，还有很多品牌刚刚开始其年轻化之路，但早在 20 个世纪 20 年代，塞尔福里奇先生就提出了要面向年轻人的策略。

“每一个橱窗都会像一幅画，当人们看到它们的时候会想象到自己，身临其境一般走进那些故事里。可能，橱窗里有一个帅哥正深情地望着一个美女，他俩也可以一起开车……”——这是影视剧《塞尔福里奇先生》里 Henri Leclair 为 Lady Mae 诉说的关于橱窗陈列的构想，在那个还没有橱窗陈列的年月里。

如今举世闻名的 Selfridges 橱窗，在20世纪初期却是史无前例的创举：这是第一个晚上会亮灯的橱窗，规模大、布置新奇，日日夜夜吸引着人群围观。在 Selfridges 百货创始人 Harry Gordon 看来，逛商场是英式仪式感生活的一部分，橱窗展示就是一间百货的表演舞台，是整个 Selfridges 购物体验的开始。自从塞尔福里奇百货开业以来，牛津街的橱窗大战就一直延续至今，并被媒体喻为“The West End Window War”，成为伦敦最具代表性特色的艺术精神，备受全球时尚界与艺术界的关注。塞尔福里奇百货虽为百年老店，橱窗设计却毫不保守，一贯以大胆、创新、另类和自信的风格吸引人的注意，甚至与这个百年 logo 以及建筑本身，成为伦敦一道永恒的风景线。塞尔福里奇百货将橱窗视为他们的巨型明信片，以艺术、设计和时装语言述说世界各地、不同维度的故事。与如今很多国际化的大型商场不同，塞尔福里奇百货橱窗不会被众多品牌所绑架，而是百余年来一直坚守着自己的风格。塞尔福里奇百货的橱窗不单凭着圣诞主题的大型橱窗吸引顾客驻足，这里每年度众多活动主题的橱窗也被奉为典范，令人记忆深刻的例子便有“No Noise”活动主题橱窗，里头摆放了各种经典商品：Levi's 牛仔裤、Heinz 番茄酱、Beats 头戴式耳机，当然还有 Selfridges 黄色购物袋，品牌标签却特意撕除；亦有“Fragrance Lab”橱窗，顾客甚至可以走进橱窗，品赏香水；而当帕丁顿熊和真实尺寸的伦敦的士一同亮相时，又是一次难忘的回忆：《帕丁顿熊》的作者 Michael Bond 的灵感玩具熊就是从塞尔福里奇买来的。

除了橱窗，塞尔福里奇百货的顶楼同样精彩。20世纪20年代到30年代是商场迅速发展与扩张的时期，在这座建筑的顶楼上，看秀、喝下午茶是时髦人士的基本操作，他们还曾把溜冰场、划船湖、迷你高尔夫球场和射击场都搬至这个空间，深刻地影响了伦敦人的生活和消遣方式。二战期间，这栋建筑遭到炸弹袭击，虽然整个建筑没有被炸毁，但是屋顶的花园被毁掉了，之后直到2009年才能再次开张。值得一提的还有伦敦门店地下一层的 Dolly's 咖啡厅：咖啡厅以 Dolly Sisters 命名，这对姐妹二人曾在门店演出，成为塞尔福里奇先生的情人，而 Dolly 姐妹也是塞尔福里奇后来欠下巨债、被驱逐出这家商场的主要原因之一。

英国是戏剧大师莎士比亚的故乡，也是盛大演出之乡，伦敦的考文特花园（Covent Garden）拥有着全世界最密集的一流剧院，伦敦南岸有举世著名的环球剧场（Globe Theater）。伦敦人对戏剧的热爱并未局限于传统的剧院，而是弥漫在街头的广场中，地铁出口的人群聚集处，以及由 Selfridge 为代表的商场中。现场音乐、舞蹈和互动展示等原本局限在剧场的元素，由 Harry Gordon Selfridge 搬到购物场所，而如今的塞尔福里奇百货依然延续着他们的戏剧化风格。在 2017 年圣诞，塞尔福里奇百货请来了东伦敦著名的派对暖场达人 Sink The Pink，以传统伦敦酒吧为背景表演了一出欢乐圣诞舞台剧；为了纪念莎士比亚逝世 400 周年，他们还通过 Shakespeare Refashioned 活动中重新演绎了莎翁的戏剧。

Shakespeare Refashioned 橱窗设计：

Dries Van Noten × The Merry Wives of Windsor

"Why, then the world' s my oyster, which I with sword will open." Act II, scene II.

"这个世界如同我的牡蛎一样，我可以用刀子把它撬开。"——《温莎的风流娘儿们》

Alexander McQueen ×A Midsummer Night' s Dream

"Are you sure that we are awake? It seems to me that yet we sleep, we dream." Act IV, scene I.

"你能断定我们醒着？在我看来我们仍在睡梦之中。"——《仲夏夜之梦》

Issey Miyake ×Twelfth Night

"Love sought is good, but given unsought is better." Act II, scene I.

"追求得到的爱情固然美好，但不经追求而得到的爱情更为美好。"——《第十二夜》

Craig Green ×Twelfth Night

"Journeys end in lovers meeting." Act II, scene III.

"恋人以相遇结束了旅程"。——《第十二夜》

Self-Portrait ×The Taming of the Shrew

"She is my goods, my chattels; she is my house." Act III, scene II.

"她是我的家当，我的财产；她是我的房屋。"——《驯悍记》

◆ Selfridges 的圣诞橱窗像极了一个剧院，摄于 2009 年

Erdem × A Midsummer Night′s Dream

"Love looks not with the eyes, but with the mind; and therefore is winged cupid painted blind." Act I, scene I.

"爱情不是用眼睛，而是用心灵去感应的，所以长翅膀的爱神丘比特的眼睛总是蒙着的。"——《驯悍记》

J.W.Anderson ×Hamlet

"To be, or not to be: that is the question." Act III, scene I.

"生存还是毁灭，这是个问题。"——《哈姆雷特》

Christopher Kane × Romeo & Juliet

"But soft! What light through yonder window breaks?" Act II, scene II.

"轻声！那边窗子照进来的是什么光？那是东方，朱丽叶就是那太阳。"——《罗密欧与朱丽叶》

Maison Margiela × As You Like It

"All the world's a stage, and all the men and women merely players." Act II, scene VII.

"世界就是一个舞台，所有的男人和女人只不过是演员。"——《皆大欢喜》

◆ Selfridges "Bright Young Things" 橱窗挑选出当年时尚专业的优秀毕业设计展示，摄于 2012 年

塞尔福里奇百货是新老艺术家展示才华的舞台。牛津街店 Accessories Hall 配饰大堂的一角即将落成 Selfridges Art Block，展出各种独特艺术装置，每 6 个月更换新作。在与艺术的跨界中，Selfridges 常常能够带给我们惊喜：2006 年，中国

艺术家宋冬用饼干堆砌出来的可食用装置；2003 年，Spencer Tunick 动用了好几百名裸体男女（包括了一些勇气可嘉的 Selfridges 员工）站立在 Selfridges 的手扶梯上；还有 2012 年满场的草间弥生波点，2014 年与 12 位著名设计师合作推出的 The Masters 活动以及 2017 年 Kate Daudy 的《psychological map of London》。而近年来，塞尔福里奇百货更是把目光聚焦在环保与可持续发展上。他们在八年前就启动了“Project Ocean（海洋计划）”，这项长期计划旨在保护珍贵的海洋，对抗过度捕捞和塑料污染；2017 年的“Material World（材料世界）”则是从中探索服装的物质性及其对环境的影响。

1984 年，为庆祝塞尔福里奇百货创办 75 周年，海德公园种下了品种名为“Selfridges”的黄玫瑰。创始人塞尔福里奇先生生前热衷园艺，曾将玫瑰誉为“Selfridge 家族象征”。尽管哈里一生桃色绯闻缠身，但他很依赖自己的太太 Rose，并将她视为自己的精神支柱。90 年代初，Selfridges 黄色购物袋渐渐成为 It-bag，明媚活泼的黄色亦随之成为 Selfridges 的标志。

正如塞尔福里奇百货的标志色亮黄色那样，它充满着年轻与活力，代表着伦敦这座城市对于一切美好事物的向往与追求。虽然它的创始人塞尔福里奇先生绯闻不断，因为欠下巨额赌债最终失去了商场的控股权，而商店也几经易主，但经历了两次世界大战与历史变迁后的塞尔福里奇百货依然保留了它最初的精神，并相继在曼彻斯特与伯明翰分别开设了新的商场。

塞尔福里奇百货从创办之初便成为时代的先驱，这一品牌所信奉并实施的民主、阶层平等、男女平权等理念迎合了时代的诉求；在商业策略、品牌推广与橱窗主题的选择上不仅具有创新性，并能够准确把握时事热点；其重视客户购物体验、引领社会生活方式等诸多理念都成为现代百货公司的榜样，保留着现代百货仍在沿用的文化遗产，成为牛津街最受欢迎的文化地标。

JOHN LEWIS
英式家庭生活百货

从 2007 年起，John Lewis 就开始为圣诞节制作广受关注的电视广告，并在社交媒体上广泛传播，广告片煽情的故事逐渐成了英国人每年都会期待的一个传统，就连广告中所用的音乐也能够在英国的单曲排行榜中稳占高位。因此，John Lewis 被称作全球最会做广告的百货公司。

John Lewis：英式家庭生活百货

JOHN LEWIS

可与牛津街上最潮的百货公司塞尔福里奇（Selfridges）相提并论的是同在这条街上相隔不远的（约翰·路易斯）John Lewis，前者代表了时尚，后者则代表着居家。

第一次听说 John Lewis 是在我刚刚到伦敦的时候，我问伦敦人，床单被套都在哪里买呢？

他们的首选无一例外是 John Lewis。

John Lewis 是英国的连锁商场，仅在英格兰、苏格兰、威尔士地区就有超过 50 家实体店。1864 年，John Lewis 先生在牛津街开了第一家商店，后来由他的儿子 Spedan Lewis 将其扩张为高端连锁商场。这座百货商场的商品包括家居用品、时装、化妆品、童装、家具、电子产品等类目，其中，家居产品在英国人心中奠定了不可动摇的稳固地位；碎花样式的窗帘布也很受欢迎，有种经典的英伦风格。John Lewis 的广告语“Never Knowingly Undersold”从 1925 年沿用至今。

回国后，再次勾起我对 John Lewis 的记忆却是因为他们最新的圣诞节广告。

从 2007 年起，John Lewis 就开始为圣诞节制作广受关注的电视广告，并在社交媒体上广泛传播，广告片煽情的故事逐渐成为英国人每年都会期待的一个传统，就连广告中所用的音乐也能够在英国的单曲排行榜中稳占高位。因此，John Lewis 被称作全球最会做广告的百货公司。

2014 年的圣诞节，国内的社交媒体被一则来自 John Lewis 的影视广告刷屏了。有时候，能够代表一座城市意象的无需是一场盛大的事件或宏大的场景，一个温暖的故事或许更容易勾起我们对它的记忆。故事的名字叫做“Monty’s Christmas”，它的主角是一名叫做 Sam 的小男孩和他的企鹅 Monty。企鹅 Monty 陪着 Sam 一起上学、玩耍和滑雪，亲密无间。然而，Sam 慢慢发现小企鹅有点不一样，看到大人轻吻的画面时，小企鹅眼睛都直了，也因此感受到了自己形单影只。小男孩 Sam 决定在圣诞夜给 Monty 准备一个特别的圣诞礼物，就是另一只小企鹅。John Lewis 的圣诞促销短片通过选用一只可爱的企鹅走进人类家庭过圣诞节的拟人情节，把节日的气氛传递给了每一位消费者，同时推出企鹅 Monty 形象的实体产品。影片播出后，Monty 在推特上拥有了 4.2 万粉丝，Monty 的毛绒玩具也在 3 天内售罄。英国人虽然看起来古板，却很有童心，而商场与消费者之间的沟通虽然煽情，却又幽默、克制，尺寸拿捏恰到好处。

另一则圣诞广告的主题是“一个女人的一生”，影片以一件红色衣服为线索，在 90 秒长的故事中巧妙地展示了一个平凡女人从婴儿到长大、恋爱、结婚、生子，最后家庭美满，儿孙满堂的情景。在她漫长的一生中，John Lewis 百货商店始终陪伴在她的身边，镜头带过的场景中到处可见 John Lewis 百货的身影，配上字幕：“永远都知道您的需求”，体现出其“无处不在”的贴心与周到。

除了深厚的历史文化积淀，John Lewis 通过每年在英国传统中最能够体现家庭氛围的圣诞节推出影视广告，更是拉近了与消费者的距离，塑造出重视家庭、服务于生活的品牌形象。

MARK & SPENCER
连锁百货也时尚

David Bowie 问 Alexander McQueen，你更喜欢 Armani 还是 Versace？

McQueen 笑答，Marks & Spencer。

Mark & Spencer：连锁百货也时尚

David Bowie 问 Alexander McQueen，你更喜欢 Armani 还是 Versace？

McQueen 笑答，Marks & Spencer。

Marks & Spencer 代表着英国从 19 世纪最后二三十年开始形成的“商品文化”与消费社会的崛起，也代表着英国自工业革命以来因大批量生产从而降低物价，又以廉价商品推动大众消费的社会现象。如今，Marks & Spencer 在时尚方面是物美价廉、使人感到舒适并充满创新力的连锁品牌。

1884 年，犹太移民 Michael Marks 拿着很少的钱来到英格兰北部，在利兹的 Kirkgate 市场拥有了一个摊位，并将它发展为一便士连锁店。“不要问价格，这是一分钱”是 Michael Marks 的广告口号。1894 年，Tom Spencer 投资 300 英镑，他擅长管理和财务，而 Michael Marks 具有采购商品、销售和与人打交道的天分，Marks & Spencer 诞生。起初，他们将店铺叫做“Penny Bazaars”，既保留了便士低廉的价格口号，并加上“免费入场”字样，鼓励客户浏览而没有任何购买义务，成为一个非常前卫并且成功的营销策略。在当时，“免费入场”还是人们前所未闻的。到了 1900 年，Marks & Spencer 已经扩展到 36 家 Penny Bazaars 和 12 家高街商店。

在第一次世界大战期间，货物变得昂贵且难以获得，便宜的价格继续具有很大吸引力。Marks & Spencer 提供便宜，简单和友好的购物体验，出售饼干，羊毛，别针，梳子，针，袜子等商品，他们所提供的纽扣，针和线可使得人们在物资短缺的时期翻新旧的衣服。在这样巨大变化的时期，

Marks & Spencer 收购了一些竞争对手，并日益壮大起来。

在两次世界大战之间，英国陷入了大萧条。货物短缺，失业人数近 300 万，许多公司因此倒闭，而 Marks & Spencer 则以敏锐的市场机制幸免于难。他们减少了一系列令人眼花缭乱的物品，重点放在两个部门：食品和服装。他们通过提供制作精良但价格实惠的服装使自己独一无二。Marks & Spencer 是第一家拥有研究实验室的零售商，将实验室用于测试产品质量与开发创新的新面料。从那时起，胸罩已经成为 Marks & Spencer 最具代表性的产品，现在有三分之一的女性都有一件从 Marks & Spencer 购买的内衣。

第二次世界大战的爆发为 Marks & Spencer 带来了更大的挑战，敌人的战火袭击了 100 多个旗下商店，并完全摧毁了其中的 16 间。1941 年政府颁发的"制作民用服装（限制令）"（Making of Civilian Clothing, Restriction Orders）规定了每件服装只能使用 5 个纽扣、2 个口袋和 4 米缝合。限制令意味着服装需要充分利用材料而设计。Marks & Spencer 技术专家哈里·阿特金森（Harry Atkinson）帮助政府制定了服装标准，分享了以最低价格实现最高质量的技能，从而创作出实用性的服装，可以色彩明亮，但设计非常简单。

战时的配给制向人们展示了时尚不仅仅适合富人，而是每个人都可以拥有。此外，服饰必须是实用的，可以反复洗涤，耐磨，使用寿命长。Marks & Spencer 投入了大量精力来改进产品以及尝试新技术和面料，将其在战争期间创造的人造面料打造成为受巴黎设计师迪奥"新风貌"影响的流行连衣裙系列。这个代表性的织物在战时被称为"Utility Schedule 1005"，现在更名为"Marspun"。

20 世纪 70 年代中期开始，供应商逐渐参与服饰产品的设计。Marks & Spencer 于 1986 年推出《设计简报》（Design Briefs），提供最新的趋势指南，设计总监 Brian Godbold 将该简报奉为买手圣经。20 世纪 80 年代，内衣变得更加时尚，来自秀场的时装趋势影响了内衣套装的设计。

20 世纪 90 年代后，Marks & Spencer 的服装部门通过与帕特里·夏菲尔兹（Patricia Fields），乔治·戴维斯（George Davies），保罗·史密斯（Paul Smith）与第一位超模Twiggy等著名设计师、时尚潮人的合作推出了更加时尚的产品系列，如Per Una，Autograph，并通过合作使自己依然处于时尚的前沿。品牌注重可持续性，将生态计划贯彻到从店内供暖到产品标签，从废物管理到制造的各个层面。

Marks & Spencer不论在连锁商场的层面，美食或是时尚方面均代表着英式家庭的生活方式。M & S将功能性与前沿的时尚理念结合，通过工艺的不断创新创造出价格亲民、亲肤耐用、易于护理的面料与设计，是织物技术的市场领导者。1963年，M & S推出"Bri–Nylon"系列，包括为"真正的游泳者"提供"双向拉伸"的泳衣。70年代，M & S率先推出的新工艺意味着所有人都可以使用可机洗的设得兰（Shetland）羊毛。1984年，M & S推出的男士运动服含有抽绳腰等现代功能；80年代中期推出适合女性日常穿着的白色运动内衣；1985年推出以全新的皱纹棉质面料制作的女性运动服"active sportswear"。同时，这个历史悠久的品牌也反映着英国本土特色，生产代表着"英国乡村风格"的针织产品，无论在任何境况下都能够顺应潮流、灵活变通，提供多样化的选择为人们打造英式时尚衣橱。

HARRODS
游客朝圣的购物胜地

为了缅怀黛安娜王妃与Dodi Fayed，身为父亲的穆哈默德·法耶德在哈罗德百货内设立了两个纪念碑以纪念这对情侣。

Harrods：游客朝圣的购物胜地

伦敦的哈罗德百货（Harrods）坐落于西敏和肯辛顿之间的布朗普顿路，邻近骑士桥（Knightsbridge）地铁站，是世界最负盛名的以奢侈品为主的百货公司。哈洛德百货占地 5 英亩（两万平方米），设有 330 个部门，拥有 7 层楼层，其零售购物的总面积超过 100 万平方英尺，与纽约的梅西百货并列为世界最大的百货公司，也是目前英国境内最大的百货公司。

1834 年，哈洛德的创始人查尔斯·亨利·哈罗德先生开始在伦敦东区凯伯大街经营杂货和茶叶生意。1849 年，哈洛德先生为了远离城市中心的脏乱，并把握海德公园举办的万国工业博览会所带来的商机，便在海德公园的附近开设了一家小杂货店，也就是如今百货所在的地点。最初的杂货店只有一个房间，只雇用两名助理和一名传信者，但哈洛德的儿子查尔斯·迪比·哈洛德（Charles Digby Harrod）颇具经营的头脑，贩卖药品、香水、文具、水果和蔬菜，此后哈洛德百货迅速的扩张，并

◆ Harrods 圣诞前的橱窗陈列着 Chanel 的商品，将其打造成了一个童话的王国，摄于 2011 年

◆ 哈洛德百货古埃及宫殿风格的奢华装饰，摄于 2017 年夏

收购相邻的建筑，雇用了 100 位的员工。1879 年，创始人的儿子将商店正式命名为"Harrods"。1883 年 12 月，哈洛德百货发生了一场大火，这场火灾毁掉了所有的建筑和货物。令人大出所料的是，查尔斯 · 哈洛德仍将客人的所有订货都按时送到，并在圣诞节期间创造了打破销售记录的营业额。不久之后，全新的商店从火灾废墟中拔地而起，外墙使用当时很时髦的物料：赤陶，让 Harrods 呈现出玫瑰金的浪漫色彩，使这座建筑至今依然是伦敦的一座城市地标。

商场逐渐在诸多重要的顾客的心中建立起了良好的形象，当时经常光顾哈洛德的顾客有著名作家奥斯卡 · 王尔德，传奇女演员 Lilly Langtry 和 Ellen Terry、男演员诺埃尔 · 科沃德、精神学家西格蒙德 · 弗洛伊德、作家 A. A. Milne，还有其他许多的英国皇室家族成员。1921 年 8 月的一天，著名英国作家 A. A. Milne 的妻子在哈洛德百货为他们的儿子 Christopher Robin 买了一只泰迪小熊作为礼物。数年后，这只 Harrods 小熊成了 A. A. Milne 笔下备受欢迎的卡通形象：小熊维尼。

◆ 为了缅怀黛安娜王妃与 Dodi Fayed，哈罗德百货内设立了两个纪念碑，第一座纪念碑陈列着两人的照片、有黛安娜王妃唇印的酒杯，以及 Dodi 在去世前一天买的订婚戒指。照片摄于 2010 年

哈洛德百货的座右铭是拉丁语"Omnia Omnibus Ubique"，意为所有地方的所有人准备所有的商品（all things for all people，everywhere）。这座百货商场在

历史的潮流中保持着与时俱进的思想，并建立起鲜明的品牌文化与视觉形象。1898 年，哈洛德百货安装了英国第一部自动扶梯。据说，为安抚客户的紧张情绪，他们还在扶梯顶端安排了嗅盐和小杯白兰地。1909 年，哈洛德百货首次雇用了身着绿衣的哈罗德看门人，后来他们被传称为“绿衣人”。直到今天，许多莫名而来的游客还喜欢和“绿衣人”拍摄合影，而绿色与金色成为品牌的标志色，骑士桥一带有许多行人都会提着绿色的 Harrods 购物袋匆匆走过，成为那一带最具有代表性的色彩。1913 年，Harrods 开设了位于布宜诺斯艾利斯的第一家海外分店。1967 年，在伦敦青年运动的背景下，哈洛德百货开设针对年轻顾客的精品店“入口”（Way In），营造出一种“追逐时尚的伦敦”氛围。1999 年，哈洛德百货开通 harrods.com 网站，哈罗德开业 150 周年的庆祝活动也随之拉开序幕。随着全球化时代的到来与网络购物的兴起，哈洛德百货也通过网络、Twitter、Facebook 等社交媒体的运营走向了世界，获得了更为广泛的关注度，为更多英国以外的顾客所熟知。

哈洛德百货重视顾客的购物体验，这里的商品以属性类别细致划分区域，例如同一个品牌的美妆产品会被分别陈列在相应的护肤品、美妆产品、香水等区域；以方便客人在这栋庞大的建筑中迅速到达目标区域选择商品。在为数众多的区域中，哈洛德百货最为人称道的是其每年专为圣诞节准备的季节性部门与大名鼎鼎的美食厅（Harrods Food Halls）。圣诞区域陈列着琳琅满目的圣诞礼物，包括许多以 Harrods 的形象延伸出的商品，充满了节日的氛围。美食厅则有来自全世界的品质上乘的食物、甜品、红酒与茶叶，其中，金色包装的哈洛德茶叶承载了品牌最初的文化。从商场创建至今，Harrods 美食厅的装潢与陈列虽然经过多次的调整，但依然坚持着最初的设计理念，天花板、墙上的装潢及 1902 年由艺术家 Wiiliam Neatby 设计的世新艺术运动风格的瓷砖都被完好地保留了下来，被列入英国第二级古迹。

从 1834 年那间貌不惊人的杂货和茶叶商号发展到如今举世闻名的奢华商场，哈洛德百货今日的盛名在很大程度上得益于黛安娜王妃与法耶德的浪漫故事。1985 年，Harrods 被法耶德家族（Al Fayed）以 6.15 亿英镑的价格收购，哈罗德再次成为家族企业。法耶德家族是埃及富豪，因此，如今的哈洛德百货依然保留着奢华的古埃及宫殿风格，商场内部的装饰包括深色的大理石、象形文字浮雕、镀金墙壁、铜质旋转楼梯、法老风格的雕像、狮身人面像…… Harrods 精工雕刻的埃及厅让人如同置身于古老埃及的神秘宝殿，而大厅中央的电梯则由大英博物馆的考古学家联合设计，据说其行驶速度与尼罗河流速保持一致。

Harrods 百货所有人 Mohamed Al Fayed 的儿子 Dodi Fayed 从 1997 年 7 月开始与戴安娜王妃相爱，并于 1997 年 8 月 31 日与她一同在巴黎的车祸中丧生。这对情侣刚刚在法国与意大利度过了 9 天的假期，在从巴黎回到伦敦的路途中，由于他们的司机 Henri Paul 酒后驾车，在狗仔队的追赶下，不幸在 Pont de l′ Alma 的地下通道中发生车祸，两人都未系安全带，双双离世。法耶德的发言人透露道，戴安娜王妃与法耶德在当时已经订婚。关于戴安娜离世的阴谋论不得而知，Dodi Fayed 的父亲穆哈默德自始至终坚信这是一场谋杀，声称英国中情局 M16 才是车祸的罪魁祸首。

"Many people have tried to silence me, but I will not be deterred in my quest for the truth. Even now, eight years on, I am uncovering evidence which will prove these beautiful young people were assassinated." ——Mohamed Al Fayed

"I am a father who lost both his son and a great friend in Diana, and like anyone else in that position, I will fight until my dying breath to get the truth." ——Mohamed Al Fayed

为了缅怀黛安娜王妃与 Dodi Fayed，身为父亲的穆哈默德 · 法耶德在哈罗德百货内设立了两个纪念碑以纪念这对情侣。第一座纪念碑于 1998 年 4 月 12 日落成，陈列着两人的照片、有黛安娜王妃唇印的酒杯，以及 Dodi 在去世前一天买的订婚戒指。Al Fayed 表示，设立纪念碑的目的是要使两人的灵魂长存。2005 年，第二座纪念碑落成，名为"无辜的受害者"（Innocent Victims）。这座铜雕像摆设在埃及风格的手扶梯旁，描绘两人在沙滩曼舞的情景，灵感来自他们生前在地中海一起度过的最后时光。他们在信天翁的翅膀下起舞，象征着自由与永恒。雕像由 Al Fayed 的密友比尔 · 米契尔（Bill Mitchell）完成，这位年近 80 的雕刻师担任哈洛德百货的美术设计顾问已达 40 余年之久。

"Many thousands of people have written to me over the last several years thanking me for remembering the lives of Dodi and Diana with the memorial at Harrods" ——Mohamed Al Fayed

"In the absence of any further official memorial for these two innocent victims ... I wanted to keep their spirits alive with a further gesture." ——Mohamed Al Fayed

穆哈默德成为一个失去爱子的悲伤的父亲，而哈罗德百货与英国王室的关系也一落千丈。哈洛德百货从1910年起就拥有了英国皇家认证，旗下包括由伊丽莎白二世授予的家居用品，爱丁堡公爵（菲利普亲王）所授的服饰认证；威尔士王子所授予的服饰和马鞍，以及女王的母亲伊丽莎白所授予的瓷器与玻璃制品。2010年8月，穆哈默德·法耶德在给英国报纸"Daily Telegraph"的信中公开他已经将所有Harrods的皇室认证烧成灰烬，并将火烧皇室认证的情景拍摄为由他资助的电影Unlawful Killing．他将皇室认证描述为"诅咒"，声称自从移除了皇室认证之后，Harrods的生意是以往的3倍。Mohamed Al Fayed为爱丁堡公爵下了逐客令，自此，再也没有认证授与人在哈洛德百货消费过。

如今的哈洛德百货被阿尔法耶德先生以大约15亿英镑的价格出售给了卡塔尔控股，"哈洛德"的品牌也用在哈洛德集团的其他子公司，如哈洛德房产、哈洛德航空、哈洛德银行、哈洛德布宜诺斯艾利斯等。如今的哈洛德百货与入驻的国际一线品牌推出合作系列（Harrods Exclusive），仅在哈洛德百货出售，从香氛、酒水到时装、配饰与鞋履应有尽有：例如Clive Christian用钻石与黄金镶成瓶身的奢华香水No1 Passant Guardant，路易王妃水晶香槟（Louis Roederer），侯伯王酒庄（Château Haut-Brion）的优雅时光礼盒，Macallan与时尚摄影大师Mario Testino的合作限量单麦威士忌，特殊配色的包包（如Chloé 红色蟒蛇皮的Drew包与Stella McCartney的Falabella红色心形包），独一无二款式与色彩的男士夹克、女士礼服裙，从Alexander McQueen到Saint Laurent应有尽有，为顾客增添了源源不断的新鲜感与归属感。

SAVILE ROW
高级定制一条街

相较于巴黎的高级定制（Haute Couture），伦敦萨维尔街（Savile Row）的西服定制（bespoke）显得格外低调。这条街道上的裁缝们起初专为皇室定制军装与骑马服，又于18世纪率先发起了男士西服的高级定制，引领了此后两个多世纪男士的穿着。

SAVILE ROW

Savile Row：高级定制一条街

相较于巴黎的高级定制（Haute Couture），伦敦萨维尔街（Savile Row）的西服定制（bespoke）显得格外低调。这条街道上的裁缝们起初专为皇室定制军装与骑马服，又于18世纪率先发起了男士西服的高级定制，引领了此后两个多世纪男士的穿着。直到今天，还有许多富有的绅士不远万里专程飞往伦敦，只为了定制一身得体的西服。

萨维尔街（Savile Row）位于伦敦最活跃的艺术与商业区域Mayfair，在19世纪发展为以高级定制著称的时尚街区，而Mayfair区域则聚集着画廊、高档餐厅与国际奢侈品牌的旗舰店。萨维尔街作为伯灵顿房地产开发项目的一部分于1731—1735年建造，最初被命名为Savile Street。伯灵顿将对帕拉第奥风格（Palladian）建筑的理解融入了设计中，之后这种设计被称为“伯灵顿风格”。它的前身是一座被形容为“a fine House and Ground”的房子，这座房子于1674年建造于如今是萨维尔街1号的地方，并被一群贵族占据。起先，这条街聚集着军官、政客和他们的妻子，慢慢的，这里富裕又具有影响力的居民吸引了奢侈品商人来到这个地方。作家茱勒·凡尔纳（Jules Verne）把他在《80天环游世界》中的主角Phileas Fogg设定为住在萨维尔街7号：“一个时尚的地址”和“Sheridan的故居”。伦敦的裁缝们在18世纪后期开始在这片区域经营商铺，他们在1790年左右先是聚集在科克街，然后于1803年起先后搬来了萨维尔街。

1846年，之后被誉为晚礼服发明者的亨利·普尔（Henry Poole）从他先父在老伯灵顿街上的裁缝店里打开了一个进驻萨维尔街37号的入口。H.Huntsman & Sons由Henry Huntsman于1849年建立，随着1919年战争的结束，这家店搬到了萨维尔街11号。随着服装剪裁进入这条街，房子的正面被改为带有玻璃门面和近光孔的样子，以便自然光投射进裁缝们的工作区域。房屋随着时间推移发生了很大的变化，原来的伯灵顿设计大部分都已失传，尽管14号还保留着许多原来的样貌特征。

萨维尔街的声誉是建立在高级定制剪裁的基础上，在这里每件西装都是私人订制的。萨维尔街的裁缝们发明了“定制”（bespoke）的术语，其意义从“to exclaim”发展到“discussed in advance”，大多情况下被理解为与高级剪裁有关的“made to order”（定做），特指手工剪裁和制作的西装。裁缝们声称这个术语自从17世纪开始就已经广泛应用于剪裁领域了。

除了众多的老牌裁缝店铺外，皇家地理学会与披头士乐队的入驻为萨维尔街增添了更多的传奇色彩。

皇家地理学会于1870年至1912年设置在萨维尔街1号，许多重要的英国勘探计划都是在这里制定的，包括对亚洲、非洲和南极的考察计划；学会认为，他们的入驻使这个地址“变得和探险和旅行息息相关”。维多利亚时期最受欢迎的大不列颠英雄，非洲地理考察家，传教士大卫·利文斯敦（David Livingstone）在被埋葬于威斯敏斯特大教堂之前，遗体就放置在学会的总部。1871年，皇家地理学会迁入萨维尔街不久后，萨维尔俱乐部也搬了进来。这是一个成立于1868年的绅士俱乐部，当时名为新俱乐部（New Club），位于俯瞰特拉法加广场的房间里；它在搬到萨维尔街12号的期间改为现在的名字，1882年迁到皮卡迪利时保留了这个名字。萨维尔街的范围在1937到1938年被扩展到了Conduit Street，到了1939年，大都会警察局在博伊尔街拐角处建成。

1968年7月，披头士乐队将他们的多媒体苹果公司搬到了萨维尔街3号。在地下室建了一个工作室，尽管设计得不太好，披头士还是在1971年花费150万美元建立新工作室之前在那里录制了经典专辑“Let It Be”。许多知名的艺术家，包括Badfinger，Mary Hopkin，Marc Bolan等人在1975年5月工作室关闭之前都在此录制过作品。1969年1月30日，披头士在大楼的屋顶举办了最后一场现场演出这场被称为“屋顶音乐会”的演出并被录制下来用于纪录片“Let It Be”的制作；当警方让他们停止演出时，约翰·列侬说（也是这个乐队说的最后一句话）：“我希望我们通过了试镜。”

如今，许多由皇家认证的老牌裁缝店铺依然聚集于萨维尔街，而最初在萨维尔街开设的第一批服装店却几乎没有存活至今，除了Henry Poole & Co。

Henry Poole & Co：萨维尔街第一家裁缝店

1846年，之后被誉为晚礼服（无尾礼服）创造者的亨利·普尔（Henry Poole）从老伯灵顿街上的裁缝店里打开了通往萨维尔街37号的入口。19世纪中期开始，伦敦的绅士前往Savile Row的Henry Poole & Co定制服装。

1806年，公司首次在不伦瑞克广场（Brunswick Square）开业，专门从事军装制作的，尤其是在滑铁卢战役期间。1846年，在创始人James Poole去世后，他们将门店搬到萨维尔街32号。Henry Poole在1876年开始经营这家公司直到去世，并由表哥Samuel Cundey成功继任，五代之后由如今的Angus Cundey和他儿子Simon管理这家公司。

19世纪80年代，这家公司根据威尔士王子（之后的爱德华七世）提供的尺码和要求做出了第一件现代风格的晚宴外套，被称为吸烟夹克（Smoking Jacket），而亨利·普尔则被誉为无尾礼服的创造者。爱德华七世的光顾使得这条街在西方世界流行起来，吸烟夹克在英国及美国的迅速风靡更是使这个品牌深入人心。Henry Poole & Co至今仍以他们和英国皇室的长期合作关系作为宣传点，成为现存萨维尔街最古老的店铺之一，现在这家公司位于15号。

该公司仍有着不少皇室许可的任命职位，并且还在为Chamberlain勋爵提供朝服制作，他们的制服部门甚至为特拉法加战役的两百周年纪念日设计制服。在2006年，这家公司翻新了他们的店面以庆祝两百周年纪念日，2007年，他们重新使用了因温斯顿·丘吉尔而变得著名的西装面料，这是由100年前的一位顾客订购他的第一套西服时所使用的面料。

H.Huntsman & Sons：伦敦最昂贵的裁缝店

H.Huntsman & Sons（也被称为萨维尔街的Huntsman）是一家位于伦敦萨维尔街11号的高端定制时装店，它凭借英伦高级定制男装、羊绒成衣系列和皮革配件而闻名。

H.Huntsman & Sons创办于1849年，随着1919年战争的结束，这

家裁缝店搬到了萨维尔街 11 号，为先生们和女士们生产传统的高级定制服装。在一战期间，创办人 Henry Huntsman 曾是军队里的一名裁缝，一直在为英国军官们制作军装。随后，公司凭借英伦高级定制男装、羊绒成衣系列和皮革配件而闻名。

Huntsman 已经获得了几个由英国和其他欧洲国家君主授予的皇家权证，包括威尔士亲王（后来的爱德华七世）和维多利亚女王。1886 年，该公司以皮革马裤制造商的身份向威尔士亲王（后来的爱德华七世）求得了第一份皇家认股权证。随后又在 1888 年向阿尔伯特亲王，Saxe Coburg Gotha 公爵和维多利亚女王求得了皇家认股权证。

在 2017 年 9 月，Huntsman 成为 Matthew Vaughn 的巨作《王牌特工 2：黄金圈》的灵感来源。此外，Huntsman 也是萨维尔街高级定制协会的创始人之一，负责保护和促进萨维尔街的贸易活动。

Gieves & Hawkes：英国皇室御用裁缝店

尽管萨维尔街裁剪工艺的名声是由定制西服得来的，但成衣却是由 Gieves & Hawkes 引进的。Gieves and Hawkes 是世界上现存最古老的高级定制服装公司之一，由两个 19 世纪晚期成立的独立公司合并而成：创立于 1785 年的 Gieves，成立于朴茨茅斯的皇家海军裁缝店；创立于 1771 年的 Hawkes，一家伦敦制帽商，同时也为英国陆军做衣服。这两家均拥有超过 200 年历史的英伦老字号因为服务军队而结缘，于 1974 年合并成为现在为人们所熟知的 Gieves & Hawkes。

Gieves & Hawkes 最初的生意都是在满足英国陆军和皇家海军的制服需求，因此就渐渐地与英国皇室建立起了合作关系。在 1760 年来到伦敦后， Thomas Hawkes 于 1771 年在布鲁尔街开了第一家店，以此迎合当地绅士们的需求。他主要的客户是英国陆军的指挥官们，国王乔治三世也通过这些指挥官们成为了他的顾客。为了扩大自己的零售业务，他先将店搬到了萨维尔街 17 号（后来的 14 号），然后又在 1793 年迁到了皮卡迪利，并于 1809 年在这里得到了第一份皇家认股权证。1835 年，James Watson Gieve 被皇家海军的一位朴茨茅斯裁缝 'Old Mel' Meredith 雇用，为高级军官将领缝制军服以及各式典礼的服饰。他为显赫有名的英雄人物定制了服装，如在特拉法加战役中死于胜利号上的海军将领纳尔逊勋爵的制服以及惠灵顿公爵的制服。1912 年 12 月 23 日，Hawkes & Co. 从皇家地理学会手里以 38000 英镑的价格买下了萨维尔街 1 号的建筑，部分原因是这家公司要给太多的探险家提供服装。1974 年，Gieves 有限公司收购了 Hawkes & Co. 以及萨维尔街 1 号的所有权，这家公司更名为 Gieves & Hawkes。在 2009 年，Gieves &Hawkes 的 Kathryn Sargent 成为萨维尔街的首位女性领导者。

这家公司拥有许多皇家认股权证，并且在提供高级定制和军装制作的同时也供应成衣。过去和现在的客户包括：丘吉尔，查理 · 卓别林，迈克尔 · 杰克逊，板球运动员汤姆 · 克尔谢泼德，贝克汉姆，戈尔巴乔夫，克林顿，小布什，以及威尔士王妃戴安娜。

Gieves 与 Hawkes 本是两家可以追溯到 18 世纪的店铺，分别以裁制军帽与军服而著名，都经过了历史的沉淀，深谙男装的剪裁缝制之道，200 多年以来，G&H 深得英国皇室推崇，伊丽莎白二世、爱丁堡公爵和查尔斯王子都对 G&H 授予皇室徽章（The Royal Warrents）任命 G&H 最高荣誉和褒奖。另外，G&H 还是英国军队军装的供货商。所有皇家护卫队制服也均统一保存在 G&H 的总店内。

Hardy Amies ：伊丽莎白女王御用裁缝店

Hardy Amies 位于萨维尔街 14 号，是伊丽莎白女王御用的裁缝店。

Hardy Amies 爵士，KCVO（1909—2003）出生于伦敦，他的父亲是伦敦县议会的一名建筑师，母亲是 Madame Gray 的一名销售员。Amies 母亲在时尚界的人脉以及他的写作天赋使他得到了第一份在时尚界的工作，Amies 也一直视其母亲为自己职业道路上的灵感来源。Amies 在写给一位退休的法国女裁缝的信中生动地描述了一件礼服的样式，这使得在伯克利广场农场街上的 Mayfair 高级女装店 Lachasse 的店主注意到了 Hardy，因为穿这件礼服的人就是店主的妻子。1934 年，他 25 岁时开始做总经理。1937 年，他因将灰绿色的林顿粗花呢和叫“恐慌”（Panic）的鲜红色格纹结合在一套西服上而取得了首次成功。这套设计使他在时尚圣经《Vogue》杂志上初次亮相，摄影作品由时尚摄影大师比顿（Cecil

Beaton）亲自拍摄。到了 20 世纪 30 年代末，Amies 负责设计 Lachasse 的全部系列。他的第二个成功作品是“英格兰制造”，这是一款为好莱坞天真少女 Mildred Shay 所设计的饼干色格子套装。1939 年，Amies 离开 Lachasse 并于 1941 年加入高级时装品牌 the House of Worth。1945 年 11 月 12 日，曾光顾过 Hardy 时代的 Laschasse 的泽西伯爵夫人（the Countess of Jersey，前好莱坞电影明星及第一任卡里·格兰特夫人）资助 Hardy Amies 搬迁至萨维尔街。次年一月，Amies 成立了自己的高级时装店：Hardy Amies 有限公司。

Hardy Amies 爵士在创业之初便以其套装的精良剪裁著称。当巴黎的人们为了迪奥的“新风貌”而疯狂的时候，他也在伦敦推出了具有女人味儿的优雅裙装。尽管萨维尔街是英国量身定制服装的起源地，但 Hardy Amies 这个品牌凭借自己经典而精美的男装和女装而名声大噪。Hardy 的生意在战后几年迅速发展起来，因为前些年由于战争没办法穿上时装的顾客们都开始抢购他设计的优雅的传统服装。据说，Hardy 曾言：“一个女人在索尔兹伯里车站的日常穿着必须要和在丽兹酒店穿的一样好。”

1951 年，当时还是公主的伊丽莎白（Princess Elizabeth）从他的时装屋定制了服饰，此后，伊丽莎白二世连续 50 年来都是这家店铺的主要顾客。Amies 最知名的一个作品是 1977 年伊丽莎白女王二世登基 25 周年时他为银禧肖像设计的长礼服，当天大约有 5 亿人在电视上观看了这件盛事。Hardy Amies 曾说，这件作品“因为被印在数以千计的饼干罐子上而永垂不朽”。

尽管从传统的眼光来看，Hardy Amies 公司在时装方面经营并未获得巨大的成功，但在 1955 年，Hardy Amies 作为官方裁缝得到的英国王室供货许可证使他得到了业内认可与知名度。Amies 在 1989 年被封爵，从此便一直拥有着这个头衔直到 2003 年去世。1990 年，他不再亲自去拜访女王，由他的设计总监 Ken Fleetwood 接替为女王制作衣服至 1996 年。直到 2002 年，Hardy Amies 服装公司还一直在设计总监 Jon Moore 的管理下为女王设计衣服。

1959 年，Amies 与 Hepworths 合作设计了一系列男装，他是第一批冒险进入成衣市场的欧洲设计师之一。1961 年，Amies 在伦敦 Savoy 酒店办了第一场男装成衣秀，创造了时尚界的一个历史。这场时装秀开创了许多方面的先河，比如它是第一个有音乐播放并且设计师陪模特们一起走秀的时装秀。

1967 年，Amies 受导演斯坦利·库布里克（Stanley Kubrick）委托为他的电影《2001：太空漫游》（2001：A Space Odyssey）设计服装。这是根据科幻小说家亚瑟·克拉克小说改编的美国科幻电影，Amies 为其设计了未来主义风格的时装，在当时的年代给人耳目一新的感觉，使人们对科幻与未来的世界充满遐想。在电影表现的 2001 年，标准化生产的服装对企业时尚来说是一种常规的做法。由于剧情设定在零重力的环境里，所以人物没有搭配领带。俄罗斯女科学家们穿着深色的保守服装，传达了她们自己保守的价值观。虽然 Kubrick 设定的 2001 年的服装很实用，它还是反映了 20 世纪 60 年代中期流行的纤细外观。军装及太空服和今天的式样差不多，没有太大的改变；电影里的美国女人保持着她们在 60 年代作为酒店接待员和空姐的职业形象，而这些女人拿着手包时还戴着太空时代的旅行帽。这部史诗般的科幻电影被誉为“现代科幻电影技术的里程碑”，也展现了 Amies 超凡的设计天分，影片获得当年 4 项奥斯卡奖提名并最终获得最佳视觉效果奖。Amies 的作品还曾出现在 60 年代的一些其他作品中：如《罗马丽人行》中的 Albert Finney，《字母谋杀案》中的 Tony Randall，《The Amorous Prawn》中的 Joan Greenwood 以及《The Grass is Greener》中 Deborah Kerr 的服装都是他设计的。

Amies 也设计工作服，他曾为 1966 年英国世界杯队和 1972 年英国奥运队设计特别的制服；也为像牛津大学游艇俱乐部和伦敦证券交易所这样的团队设计制服。在 20 世纪 70 年代中期，他涉足于室内设计，并为皇家壁纸做了设计。1974 年，Amies 被选入了国际最佳着装名人堂。

Hardy Amies 不仅是一个经营时尚品牌的商人，并且为时尚文化的传播与教育做出了很大贡献。1964 年，在为 Esquire 杂志写了关于男装时尚的定期专栏后，出版了专著《ABC of Men's Fashion》，使男性时尚作为一种更加严肃的文化登上了世界的舞台。Hardy Amies 严格的男性着装规范，从袜子到夏季服装的所有戒条都取得了令人瞩目的推广效果。在 2009 年 7 月，Hardy Amies 设计师档案在萨维尔街开幕，维多利亚与艾伯特博物馆则重新发行了这本影响男士着装的著作。

世界上没有任何另外一座城市会有伦敦这么多而密集的顶级博物馆。除去每年两度的伦敦时装周之外，这座城市最具规模性的时尚事件便是时尚主题的展览。

伦敦以时装为主题的展览通常设立于专业型时装博物馆、装饰艺术与设计类博物馆、形态各异的公共博物馆、综合型艺术机构、艺术中心与画廊。近年来，根据展览主题的需要，场地选择呈现出更加多元化的趋势，时尚展览亦发生于权威机构之外的公共空间，如商业中心、时尚街区、艺术家聚集地、创意市集等场所，成为面向公众的城市文化开放性资源，将伦敦的时尚氛围放大为城市文化影响力。

时装（fashion）包含服装、鞋履、配饰、妆容等之于流行和时尚中的所有实践，时装策展的范围则涵盖了服饰、时装摄影与插画、时装影像、时装广告等与时尚活动相关的展览策划。时尚策展是博物馆策展中一个日益成熟和完善的分支，其基本理论架构起源于西方艺术策展，但依据纺织服装类展品的特殊性和时尚的行业特性，时尚策展的表现手法更为灵活。时尚策展所探究领域既有对于特定时装历史和时装品牌的回顾，也涵盖实验性、概念性、主题性等不同方向的展览，其主要目的是探讨服饰和美学、社会与常规、文化与跨文化关系、地域与地缘政治、身份、习俗与权威之间互为影响的关系。

CITY & STYLE

伦敦时尚地标：博物馆与艺术中心

/柒

伦敦的时尚地标大致集中于以下区域：以维多利亚与阿尔伯特博物馆为代表的伦敦西区传统博物馆聚集地；以皇家艺术学院、萨默塞特公爵府、巴比肯艺术中心为代表的位于泰晤士河北岸的中心区域；以南岸艺术中心、时装与面料博物馆、设计博物馆为代表的泰晤士河南岸前沿艺术区域；以及创意市集与艺术家密集的伦敦东区。时装展览与其场馆与地域的自身风格有机结合，相互协同，形成了内容丰富、良性发展的时尚景观。

FTM：伦敦时装与面料博物馆

在这座博物馆密集的城市中，伦敦时装与面料博物馆（Fahion and Txtile Museum，FTM）是英国唯一仅用于展览当代时装的博物馆机构。这座博物馆由英国著名设计师 Zandra Rhodes 创办于 2003 年，坐落在距离伦敦桥不远处的博门斯（Bermondsey）。博物馆建筑原是废弃的仓库，经由墨西哥建筑师 Ricardo Legorreta 与其创办人共同改造设计，其外观由艳丽的粉红色、橙黄色与鲜艳的蓝色构成，在周围古板老旧的房屋之中显得格外醒目，单凭着其建筑就能够吸引无数游客驻足。博物馆与时装类院校长期合作，开设时尚专业，也设有不同类别的短期培训班。这里是伦敦时尚类学生及时尚工作者的常聚地，学生参观还可享受五折优惠。博物馆商店里出售临时性展览的相关周边产品、时尚类书籍与音像、明信片，其中部分产品也可在其网站上直接购买。博物馆的咖啡馆设计风格前卫简约，色彩鲜艳，是时尚潮人的聚集地。

伦敦时装与面料博物馆没有永久性陈列，时装策展人定期举办临时性展览，专注于当代时尚产业的研究。其展览的选择包括探讨当代时装的单一主题与脉络、时尚设计师与时尚品牌回顾展以及大量与面料相关的展览，既着眼于全球时尚，曾为多位国际知名的设计师和艺术家举办在英国的首场展览，又专注于英国本土的当代时尚，见证着英国百年来时尚产业所涉及的方方面面，为时尚产业内外的交流与发展起到了推动作用。

2017 年，伦敦时装与面料博物馆举办“Harper's Bazaar 150—The First and Last World in Fashion”展览，回顾美国第一个时尚杂志《时尚芭莎》（Harper's Bazaar）150 年来具有传奇色彩的时尚编辑、摄影师、造型师的经典作品；同年，博物馆举办纽哈姆学院（Newham College）时尚专业作品展“London Fashion Foundation

◆ 伦敦时装与面料博物馆（FTM）的醒目建筑，摄于 2017 年

Show”，为学生提供展示的平台，见证伦敦的时尚教育与时尚行业的未来。此外，博物馆还举办时尚特定主题的展览，包括针织主题：“KNITWEAR Chanel to Westwood”；1919 到 1929 年爵士时代的时尚：“The 1920s JAZZ AGE ”；以战后英国的时髦女人最流行的读物为切入点，探讨时尚与流行小说的关联：“Fiction in Fashion ”；20 世纪最流行的服饰 T 恤衫及其文化：“T—SHIRT：CULT—CULTURE—SUBVERSION ”与“T：The Typology of The T—Shirt ”；现代服饰的经典单品小黑裙展：“Little Black Dress ”。

时尚设计师与时尚品牌回顾展包括关于美国设计师 Anna Sui 的“The World of Anna Sui ”，关于意大利时尚品牌 Missoni 的“MISSONI ART COLOUR ”，最具特色的则是当代英国设计师的回顾展览：活跃于摇摆伦敦时期的设计师 Foale and Tuffin 的展览，“Foale and Tuffin ——Made in England ”；20 世纪伦敦最具有创新性的设计师 Bill Gibb 回顾展，“Billy：Bill Gibb's Moment In Time ”，获得英国最高级巴思爵士封号的英国设计师 Zandra Rhodes（她也是该博物馆的创建者）的回顾展，“Zandra Rhodes：Unseen ”；英国最负盛名的高级定制设计师 Bellville Sassoon 的回顾展，“The Glamour of Bellville Sassoon ”，以及关于皇室任命的高级定制展“Hartnell to Amies：Couture By Royal Appointment”，回顾战后使伦敦跻身于世界时尚地图的高级定制设计师以及皇室和女王为其带来的推动作用。通过这类展览，参观者不仅能够了解当地品牌的设计与发展脉络，也能够得知与其品牌合作的面料商、零售商等相关产业的信息，时尚媒体的报道和评价以及消费者的反应与态度。

伦敦时装与面料博物馆的展览主题包括时尚与面料，其中，与面料相关的展览包括面料节“Festival of Textiles 2017 ”，探讨面料的历史、传统、设计与制作，节庆包含展览、研讨会与工作坊；面料节“Festival of Textiles 2016 ”，于伦敦设计周期间举办的面料展览展现 10 位加拿大设计师的面料作品。艺术面料：从毕加索到沃霍尔“ARTIST TEXTILES Picasso to Warhol ”是特别策划的主题展，展示包含 Georges Braque，Alexander Calder，Marc Chagall，Salvador Dalí，Sonia Delaunay，Raoul Dufy，Barbara Hepworth，Fernand Léger，Henri

Matisse，Joan Miró，Henry Moore，Pablo Picasso，Ben Nicholson，Andy Warhol 等 20 世纪最具影响力的艺术大师对于面料的影响与启发。在众多与面料相关的展览中，聚焦于英国本土面料的展览包括“Wallace Sewell：25 Years of British Textile Design”，Wallace Sewell：英国面料设计 25 年，展示 1992 年由设计师 Harriet Wallace-Jones 与 Emma Sewell 成立的面料工作室 Wallace Sewell 的设计，他们擅长饱满的色彩与几何图形的面料；“PATTERN Watts' Architect Wallpapers 1870 to today”聚焦于英国本土面料与墙纸公司 Watts & Co.，通过展览讲述其历史、特征与工艺；“ART TEXTILES：Marian Clayden”讲述一位英国出生的艺术家 Marian Clayden 将迷幻的扎染面料推广为美国数以千万产业的故事；“Horrockses Fashions：Off the Peg Style in the 40s' and 50s” 透过 20 世纪 40 至 50 年代最具有影响力的成衣生产商 Horrockses，还原了从面料、服装设计、批量生产、市场营销到消费阶段的产业面貌。

特别展览 | Foale and Tuffin：Made in England

2009 年秋季，伦敦时装与面料博物馆（FTM）举办“Foale & Tuffin 与英国制造”展，此展览是对于 20 世纪 60 年代伦敦时装品牌 Foale & Tuffin 的回顾，认可了伦敦本土青年设计师对于英国时尚产业的重要意义，同时也是对“摇摆伦敦”及时尚革命的致敬。展览内容包括：“Foale & Tuffin 的样貌——青年运动”（The

◆ 伦敦时装与面料博物馆将曾经举办过的展览海报陈列于展馆的长廊，摄于 2017 年夏

Foale & Tuffin Look – Youthquake），两位设计师曾经的工作室（Workroom）、媒体报道（The Showroom Chosen by Vogue）以及她们现在的生活。这场展览通过讲述时装的设计而延伸至面料及印染工艺，通过讲述设计理念而深入社会文化及美学运动，通过讲述设计师的个人经历而拓展至时装教育的机构及其机制，通过讲述品牌所受到的关注而辐射到时尚媒体甚至社会名流的回应，通过讲述品牌的成长而延展到时尚零售的商业面貌。由此，观众可感受到一个城市成熟的产业生态系统，以及这座城市在 20 世纪 60 年代的摇摆氛围。

特别展览｜The World of Anna Sui

2017 年夏季，伦敦时装与面料博物馆（FTM）举办关于美国设计师 Anna Sui 的展览“The World of Anna Sui”。第一展区按照服饰风格叙事，包括 Fairytale、Victorian、Schoolgirl、Punk、Androgyny、Americana、Retro、Rockstar &Hippie、Surfer、Nomad 等部分。最先映入眼帘的 Fairytale 展区陈列出破洞的网袜、怪异的帽子、奇特的花纹， Americana 更贴近于当代大众审美的风格，包括带有小花朵的裙子，年轻亮丽、色彩饱满的裙子，Nomad 展区陈列出率性自由的服饰，缀有粉色花纹的小白裙带着一些流浪民族的风味，有一点波西米亚的风情，却不显得过度颓废破败，Retro 体现着复古的气息，而 Punk，Rockstar & Hippie 的展区则代表了更具时代性的流行文化。

第二层展区摆设着许多怪诞的配饰，譬如一只可爱的玩具马，各种各样的动物头套，以及编制的屋型手包。墙上印着各样的秀场照片，见证与品牌服装搭配的发型、妆容、配饰与帽子，介绍文字印有女式帽子的设计师 James Coviello，珠宝配饰设计师 Erickson Beamon，发型设计师 Garren 等人的介绍，讲述设计师相互之间的合作与灵感碰撞。最后一个展厅里展示自 20 世纪 90 年代到今日的安娜

◆ “Foale & Tuffin 与英国制造”展览海报视觉与陈列设计均注意到该品牌视觉元素中的英国国旗配色并将其重现，强调展览主题“英国制造”，摄于 2009 年秋

苏平面形象。不同年代各有其魅力，但都同样向人们展示着安娜苏的女巫魔力。

V&A ：维多利亚与阿尔伯特博物馆

V&A 博物馆具有独一无二的历史。英国于 1851 年在水晶宫举办万国工业博览会之后，为了探讨工业革命所引发的关于设计与美学的问题，担负起设计教育的使命，维多利亚与阿尔伯特博物馆（V&A Museum）于 1852 年应运而生。从 1852 年作为制造业博物馆创办到 1899 年维多利亚女王的奠基石，再发展为今天的艺术画廊，博物馆在收藏和公开阐释艺术与设计的领域不断发展。它的馆藏跨越了 5000 多年的人类创造力，它的建筑则是英国最优秀的维多利亚和现代建筑群之一。

它是全世界规模最大的一座以“应用及装饰艺术”为主题的博物馆，也是仅次于大英博物馆的英国第二大国立博物馆。其藏品涵盖了古往今来世界各地的绘画与装饰艺术：由古希腊古罗马的雕塑到伊斯兰宗教艺术，由中国的陶瓷到日本武士服，就连 20 个世纪初俄国芭蕾与欧洲歌剧的服装和道具都在其收藏档案内。其中，欧洲服饰发展史的展厅作为永

◆ Anna Sui 展览现场图片：入口装置，平面广告，服饰灵感，第一展区的服饰风格陈列，第二层展区的怪诞配饰，拍摄于 2017 年

◆ V&A 的建筑，门前与庭院的装置艺术，右图为 Mat Collishaw 作品 'Magic Lantern'，图片拍摄于 2009—2011 年

久性陈列，纪录了以法国、意大利和英国为主的服装、鞋履、配饰的历史及其在现代化进程中的演变，其服饰收藏的规模和珍稀度国际领先。

除了惊人的馆藏，V&A 博物馆具有敏锐的市场嗅觉。当他们在咖啡馆内贴上"一流咖啡附上顶级博物馆"的宣言时，引起了业内的震惊——极少有博物馆能够对自己的市场化运营如此坦诚，尤其是拥有着大量藏品、业内地位稳固的国立博物馆。

V&A 博物馆不仅是装饰艺术的权威级守护者，同时能够准确地把握当代艺术设计的发展动向，及时收藏当代设计师的代表作，策划相关主题的特展。与伦敦时装与面料博物馆不同，这座博物馆的时装展览范围涵盖了古往今来的不同年代，跨越东方和西方的地域文化，不仅数世纪以前的历史服饰保存完好，当代鼎鼎有名的服装设计师作品也不计其数。

博物馆的常设展全年可免费参观，临时性展览虽需收费，却往往因其有趣的主题吸引更多参观者前往。V&A 博物馆的临时性时装展包括当代著名设计师的回顾展，其中最引人瞩目的当属近期英国鬼才设计师亚历山大·麦昆（Alexander McQueen）的个人回顾展"野性之美"（Savage Beauty）。这场展览首次展出于美国大都市博物馆，创造了其博物馆开馆以来参观人数最多的纪录。该设计师出生于英国并就读于伦敦圣马丁艺术学院，设计师本人也曾经常来到 V&A 博物馆的档案库和图书馆汲取灵感。因此，当再次展览于 V&A 博物馆时，这座博物馆的策展人做出些许改动，强调伦敦这

◆ V&A 摩纳哥王妃格蕾丝·凯利（Grace Kelly）服饰展，摄于展览现场

◆ V&A 常设展“Design and the State”主题陈列了中国的毛主席像，摄于 2017 年

◆ V&A 常设展历史区域设有互动环节，鼓励观众试穿维多利亚时期的裙撑，摄于 2017 年

◆ 2009 年秋季展览“Future Fashion Now”展示了皇家艺术学院时装专业的毕业作品，为年轻设计师提供了被公众认知的平台并展现出英国时尚的教育与时尚的未来

座城市对于设计师的影响，尚未开展就已引起广泛的关注。V&A 博物馆不仅着眼于英国本土设计，同时也是全球装饰艺术的引领者。往届引人关注的临时性时装展览有摩纳哥王妃格蕾丝·凯利（Grace Kelly）服饰展，日本著名设计师山本耀司（Yoji Yamamoto）品牌回顾展，巴黎世家（Balenciaga）回顾展，甚至连中国故宫博物院收藏的清朝皇家服饰首次出境展出也发生在这座博物馆。

V&A 博物馆不仅是时尚和创意产业人士汲取知识的圣地，也常年吸引着大量的国内外游客。在某种意义上，其博物馆商店已经超越常规的英伦纪念品和国际时尚品牌，成为时尚潮人购买英伦礼品的更好选择。

V&A 博物馆的使命是成为世界上领先的艺术、设计和表演博物馆，并向最广泛的观众推广设计世界的研究、知识和乐趣，从而丰富人们的生活。V&A 努力使其展览对更多的人有意义，在这种背景下，他们致力于以下六个战略目标：

· 创造一个世界级的参观者，并在所有 V&A 网站和收藏中学习经验。

· 关注并深化其收藏与英国创意和知识经济的相关性。

· 扩大 V&A 的国际影响力、声誉和影响力。

· 具有财务和组织的主动性和效率。

· 展示最好的数字设计，并提供杰出的数字体验。

· 多样化并增加私人和商业资金来源。

V&A 教育 | V&A Learn

V&A 博物馆通过提供不同的途径，鼓励来自不同背景的人群学习和参与他们的收藏，并从他们的经验与专业知识中获益。V&A 博物馆为小学、中学、大学生和教师设置了充满活力和令人兴奋的活动与课程，同时提供成人课程，并为国家和国际的文化和遗产领域的专业人士提供培训。这里也有顶级的教学、学习及适合其收藏的设施。

V&A 博物馆学院（Learning Academy）通过丰富的成人业余课程、工作坊、会议、学习日和专业发展机会等内容设计，使参加者以崭新而令人兴奋的方式体验 V&A 丰富的知识。通过参加 V&A 学院的学习体验，把人们的激情带到生活中来。对话（Talk）包括举办非常受欢迎的晚间沙龙，参与者与艺术界和设计界的领军人物交谈，或者举办免费午餐讲座，深入探究博物馆的艺术和收藏。

面向不同年龄的学生，V&A 博物馆设计了相应的合作方案，分为小学、中学和大学。在针对小学生的工作坊和画廊讲坛上，从处理复制对象、试穿服装到不断变化的展览和展示项目，V&A 成为一个鼓舞人心的学习场所。中学和大学生则可以从博物馆广泛的活动和活动中获得新的、可转化的技能、知识、好奇心和灵感，这些活动范围从基于画廊的免费会议、策展人讲座和职业生涯日，到设计实验室项目和图形收集比赛。

面向教师，V&A 博物馆提供下载免费资源、参加艺术指导的实践会议，或者通过参加他们的暮光之城等活动来探索最新的展览的服务，使教师可通过与当代创意工作者、博物馆专家以及我们无与伦比的艺术、设计和表演收藏合作，丰富其课堂实践和创造力。

对于有兴趣进一步学习的人群，V&A 博物馆安排其研究部门的学者和艺术与人文学院的皇家艺术学院开设有设计历史硕士的项目（V&A/RCA MA），通过开创性的新形式设置了在全球化语境下研究从 15 世纪到当代设计史的课程，总时长为 15 个月。

此外，V&A 博物馆面向不同的人群设置了更为细致的学习计划，包括青年计划、家庭项目、社区项目、博物馆驻地计划。青年计划（Young People）面向对时尚、数字设计、表演和建筑感兴趣的年轻人探索博物馆的活动，包括工作坊、课程、以工作为中心的活动和免费的节日。家庭项目（Family Art Fun）针对亲子家庭，通过变化的项目、不同的 V&A 展览和临时展览欢迎家庭到此娱乐和学习，每天都有免费的活动。社区项目（Communities）为当地社区团体量身定制的独特节目，解决参与的障碍，并支持对博物馆不熟悉的人进行参观。博物馆驻地计划（Museum Residency Programme）使创意工作者能够获得博物馆的收藏、档案和策展专业知识，而支持当代艺术家、设计师和制作者一直是维多利亚与艾伯特博物馆使命的核心。

Design Museum：伦敦设计博物馆

作为世界创意产业及设计教育的领先城市，伦敦设计博物馆于 1989 年启用，成为世界上第一座收藏和展示当代设计的博物馆。设计博物馆由特伦斯康兰爵士（Sir Terence Conran）创立，作为一个慈善机构运营，所有由门票销售产生的资金都有助于博物馆策划新的展览。

起初，设计博物馆坐落于伦敦塔桥附近（Shad Thames），由一座 20 世纪 40 年代的香蕉仓库改造而成，其建筑风格简洁、现代，与周围褐黄色砖造建筑群中同样由旧仓库改造而成的高级公寓工作室相得益彰。博物馆周边的建筑与景致也宜人舒适，具有浓厚的人文气息，而设计博物馆这栋小巧而空旷的白色建筑使得这一区域的整体环境都活泼、新鲜了起来，博物馆周边散布着设计感十足的餐厅、咖啡馆与商店，共同营造出独特的创意氛围。

◆ 每个月的最后一个周五夜晚是 V&A 的“博物馆”之夜，V&A 根据当时的特别展览主题设置多种活动内容，有 DJ 播放现场音乐，庭院中观众在水里嬉戏。图片为“Power of Making”展览期间的博物馆之夜活动，大人与孩子们动手制作从家具、绘画到饰品等多种有趣的设计

最初的设计博物馆面积不大，却享有盛名。展览区域在二楼、三楼和建筑主体之外的一个小型透明展览空间，一楼设有售票处、咖啡馆和出售设计类书籍及商品的商店。位于 Shad Thames 设计博物馆并没有永久性陈列，他们定期举办与当代设计相关的主题展，展览范围涵盖服装设计、工业设计、建筑设计、摄影、平面设计、新媒体设计等领域，其时装展具有行业的前瞻性。此外，博物馆定期开设与设计相关的讲座和短期培训课程，学生可享受优惠门票优惠。

2011 年 6 月，特伦斯 · 科伦爵士捐赠出 1750 万英镑为博物馆修建新的场地，新的设计博物馆于 2016 年 11 月 24 日在肯辛顿地区向公众开放。此举将设计博物馆带入了肯辛顿的文化区，加入了由皇家艺术学院、维多利亚与阿尔伯特博物馆、科技博物馆、自然历史博物馆与蛇形画廊组成的庞大的博物馆群。

肯辛顿地区的设计博物馆曾是伦敦西部的英联邦学院的所在地，这个从 20 世纪 60 年代起就具有里程碑意义的二级建筑物已空置了十多年，由 John Pawson 所领导的设计团队将其改建为一座适合 21 世纪的博物馆建筑，同时保留了其原本的空间品质。搬迁后的设计博物馆比之前在 Shad Thames 的建筑增加了 3 倍的空间，设立了新的施华洛世奇基金会学习中心、202 个座位的巴

◆ 2011 年度设计奖时尚展区，其中，图 1–2 中 Jill Sander 为 Uniqlo 所设计的服饰获得年度大奖 "Brit Insurance Fashion Award"。图片拍摄于展览现场

设计博物馆位于 Shad Thames 的建筑与建筑外的临时展厅，摄于 2011 年

◆ 2011 年度设计奖展览现场，图 2 为两个男子体验陀螺椅

卡拉礼堂，并增添了一个专用于展示其永久收藏品的画廊，供大众免费参观。

除了举办具有行业影响力的展览外，设计博物馆在业界建立起声望还来自其年度设计师与年度设计的奖励计划(Award schemes)、驻地设计师计划(Designers in Residence)、Ventura 设计等项目。2003 年起，设计博物馆将 25000 英镑用于评选年度设计师奖，该项目的前三年都在 BBC 二台的电视节目上播出。2007 年起，新任馆长停止了年度设计师计划，并在 2008 年推出为更多人所关注的年度设计奖。英国保险（Brit Insurance）于 2003 年至 2011 年期间赞助了该奖项。博物馆邀请国际知名的设计专家每人提名最多五个项目，在全球范围内评选前 12 个月的设计作品均符合参奖资格。年度设计奖项分为建筑、交通、图形、互动、产品、家具和时尚七大类别；自 2015 年起，奖项以建筑、时尚、图形、数字、产品和运输六大类别评选。2016 年，比兹利保险（Beazley Insurance）成为年度设计奖展览的赞助商。驻地设计师计划是设计博物馆活动的核心内容，旨在为所有学科的新晋设计师提供远离日常环境的时间和空间，以反映，研究与考虑他们发展实践的新方法。该项目每年都会由博物馆设计不同的主题，在 2011—2017 年，项目主题分别为：不完美（Imperfection），节约（Thrift），身份（Identity），颠覆（Disruption），移民（Migration），开放（Open）与支持（Support）。Ventura 设计项目鼓励 9、10 和 11 年级的学生为设计博物馆商店设计新产品，是博物馆教育中的旗舰项目，为学生提供开发设计思维、创意和商业能力、就业技能的机会。该项目自 2010 年起与德意志银行合作开展，成为德意志银行青年参与计划 Born to Be 的一部分内容，目前已有 588 所学校的 36000 多名学生参加。

特别展览 | Azzedine Alaïa：The Couturier

2018 年，设计博物馆举办了一场"Azzedine Alaïa：The Couturier"的展览，这是这位被称作"叛逆的局外人"的时尚大师第一次在英国举办个人展览。在 2017 年 11 月他去世之前，Alaïa 构思和策划了自己从雕塑家到服装设计师的奇妙之旅，他的不符合规范的天性以及他对时尚、友谊和女性身体的强烈热忱。与他的许多同时代人不同，Alaïa 亲自手工制作每件服装，并拒绝接受时装周截止日期的压力，而是按照自己的时间表工作。他的工作方式为他赢得了一个受人尊敬的客户名单，包括 Greta Garbo，Grace Jones，Michelle Obama 和 Rihanna。与以往的设计师回顾展不同，这场展览更像是将他的生活、事业与个人选择的服装交织于一起，从罕见的到标志性的跨越 80 年代早期到 2017 年的最新系列，讲述一个立体的传奇故事。

阿泽代恩·阿拉娅（Azzedine Alaïa，1935 年 2 月 26 日 – 2017 年 11 月 18 日）是突尼斯裔服饰与鞋履设计师，20 世纪 80 年代是特别成功的开始。Alaïa 因其独立和对谨慎奢侈品的热情而备受尊敬。2000 年，Alaïa 与普拉达签署了合作协议。然而，Alaïa 仍然拒绝奢侈品集团的营销驱动逻辑，继续专注于服装，而不是爆款包袋（it–bags）。在接受"The Ground Social & Magazine"采访时，Alaïa 猛烈抨击 Anna Wintour 与 Karl Lagerfeld。当时 71 岁的 Alaïa 在提起香奈儿创意总监拉格菲尔德时说："我不喜欢他的时尚，他的精神和他的态度，这太过于讽刺，卡尔拉格菲尔德一生都没有碰过一把剪刀。"Alaïa 还猛烈抨击 Vogue 总编辑："她经营的业务非常好，但不是时尚部分。当我看到她的穿着时，我不相信她的品位一秒……无论如何，谁会在时尚史上记住 Anna Wintour？没有人。"

Catherine Lardeur 在接受 Crowd Magazine 采访时表示："时尚已经死了，现在的设计师并没有创造任何东西，他们只做衣服，所以人们和新闻界都会谈论它们，设计师的真正金钱在于香水和手提包。这完全是关于形象。Alaïa 仍然是国王，他只有在有作品时才会展示时装秀，不随波逐流，依照自己的时间表行事。即使普拉达拥有他，他仍然保持自由并做了他想做的事情。"

在伦敦，许多综合型艺术机构都扮演着多重角色，他们像演出策划人一样将伦敦时尚放在了与表演艺术和当代艺术并列的位置，把博物馆或艺术中心打造成为时尚地标，在古老的建筑中上演着一幕幕最新潮流，每天都有新鲜的事件发生，永远不会使人厌烦。其中，最引人瞩目的当属巴比肯艺术中心、萨默塞特公爵府和伦敦南岸艺术中心。

Summerset House：
萨默塞特公爵府

◆ Summerset House 的庭院：Fernando Casasempere 的装置艺术 “Out of Sync”，摄于 2012；庭院喷泉下嬉戏的孩童，摄于 2017 年夏

初到伦敦的 9 月，我第一次来到萨默塞特公爵府参观时尚展览“Show Studio：Fashion Revolution”，恰逢伦敦时装周，我才知这里竟是伦敦时装周的主要举办场地。这座壮观建筑的里里外外都聚集了全世界最潮的人：模特儿，时尚编辑，买手，明星…… 如果你穿的够靓，还会被等候在此的时尚摄影师们抓拍。除了时尚之外，这里全年都会举办有趣的活动，成为伦敦最具活力的一个场所：在这座庞大的建筑中，我第一次体验了复古派对式的滑冰派对，由世界顶级 DJ 驻场，迷幻的灯光打在古老的石砖上，人们穿着 20 世纪 70 年代的复古服饰在电子音乐下相聚，滑冰竟然在 21 世纪还可以变得如此“时髦”；在这个时尚的场所，我看到了后现代主义艺术家图卢兹·劳特雷克最耐人寻味的展览，这里小小的画廊不铺张宏大的主题，只讲述画家与他最喜爱的模特儿简·艾薇儿的故事；在伦敦所有的“时尚地标”中，萨默塞特公爵府是一个最具权威性同时又最开放的平台。

◆ Summerset House 的入口与楼道气势恢宏，摄于 2017 年夏

萨默塞特公爵府（Summerset House）是一个启发灵感的艺术、文化和创意汇集的空间，这座建成于 19 世纪的壮观的新古典主义建筑坐落于伦敦中心的泰晤士河畔。每到夏天，庭院中的 55 个喷泉开启，孩子们在此玩耍嬉戏；到了冬天，庭院则成为伦敦最受欢迎的滑冰场。萨默赛特公爵府还举办露天音乐会

和露天电影，当代艺术和设计展览，家庭工作室和免费参观地（由导游带领的，通常不为一般参观者所知的地方）。赫赫有名的当代艺术家受邀在庭院中举办展览，为这座古老的建筑增添活力，其中包括中国当代艺术家。这样做是为了保护和维护萨默赛特宫以达到最高标准，并将其作为一个被公认为世界级的旅游景点和卓越的文化艺术中心的公共空间进行开发。

萨默塞特公爵府的基金会和管理者致力于保护和发扬这座建筑的古老文化，将其打造为国际公认的游览胜地和展示文化艺术的公共空间。管理者致力于将其发展为一个灵感聚集之地，这里的上层建筑都被理想化地配置成为工作空间：为创意产业而生的高质量的可开发空间。许多艺术与时尚机构在此办公，其中包括赫赫有名的英国时尚协会（British Fashion Council）。自 2009 年以来，萨默塞特公爵府一直是伦敦时装周的合作伙伴与焦点。在伦敦时装周和萨默赛特公爵府的巨大演变过程中，这一盛事是国际时尚日程表上的一个亮点。

从 2015 年 9 月起，英国时装协会将把伦敦时装周迁至伦敦苏活区布鲁尔街的新址，而时装协会的办公地点仍将留在萨默赛特公爵府。伦敦时装周的离去给萨默塞特公爵府带来了新的机会：他们可以在标志性的庭院内和建筑里都举行大规模的公共活动。在近几年，萨默塞特公爵策划过很多引人注目的时尚展览，包括 2009 年关于“SHOW studio”的“Fashion Revolution”，它是和著名时尚摄影师 Nick Knight 的一次合作；2010 年比利时设计师 Maison Martin Margiela 20 周年回顾展；迪奥插画展览“René Gruau and the Line of Beauty”；华伦天奴回顾展“Master of Couture”，一个时尚盛宴：“Isabella Blow，20 Years of Dazed & Confused”等，展览主题涵盖时尚品牌回顾展、时装插画与摄影等领域。

文创核心的基金旨在使萨默赛特宫成为一个灵感之地：一个既是代表伦敦展示视觉和表演艺术的范例，又是向每个人都提供参与机会的独特的平台。 喷泉场地周围建筑物修复工作的完成将会向公众提供接触一楼地面东西南北各翼的途径，并且可以为艺术装置开启壮观的灯塔。上层的建筑被理想地配置为工作空间，而这些工作空间都被转化为创意产业所用的高质量的可开发空间，它们现在被越来越多的文化企业家所占据。工作室的空间也被用于许多艺术家和设计师的住宅，以鼓励创造者，激发他们的创造力，并为他们的作品创造一个展示的平台。

萨默赛特公爵府重视可持续的未来，该机构正在经营一个伦敦艺术文化中心，这个中心不需要政府的定期资金支持，却能为后代提供一种新的文化遗产，为了

◆ 与伦敦时装周同期举办的大型时尚展览“SHOWstudio：Fashion Revolution”，摄于展览现场，2009 年

实现这个目标，它正在发展一种新的可持续模式。可持续发展是萨默赛特运公爵府运营的一个关键要素，这里的房地产团队一直在努力制定一项政策，为其18世纪的建筑提供一个可持续的未来。他们注意与其租户和来访者进行沟通和交流，利用展览和活动来提高知名度。

在历史建筑的约束下，这里通过减少能源使用量和增加废物的回收量，提高了房地产的可持续性能。他们努力降低直接和间接污染的水平，立足于旅行政策和采购惯例，以尽量减少交通带来的影响。通过改善隔热和使用LED照明、自动化被动通风和智能加热以及照明控制等技术，我们实现了节能。整个庭院现在被高强度，低能量的LED探照灯点亮，而这比之前的灯少了80%的能量。萨默赛特公爵府积极推动对所有促进可持续发展的立法、经济、技术和市场发展意识的宣传，并确保它们在其决策中发挥作用。

考陶德艺术学院是世界领先的艺术和建筑的历史与保存研究中心之一，它的画廊是英国最受欢迎的

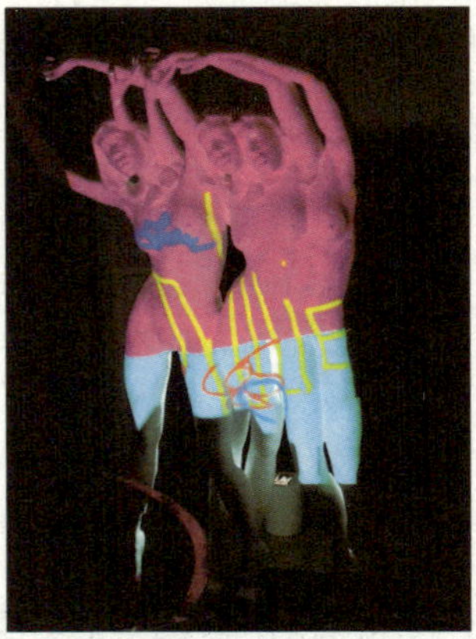

◆ “SHOWstudio：Fashion Revolution”展览的互动装置：观众可在英国超模Naomi Campbell的装置上涂鸦，摄于2009年

◆ “SHOWstudio：Fashion Revolution”展览现场可与模特儿电话互动，右图是模特儿中途离场10分钟留下的小纸条，摄于2009年

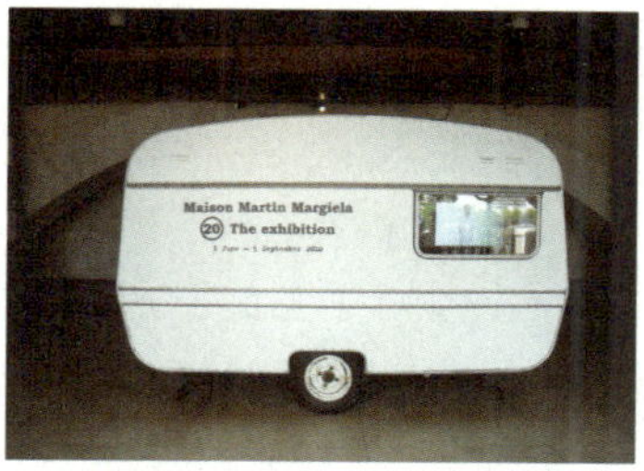

◆ 比利时设计师 Maison Martin Margiela 20 周年回顾展，摄于展览现场，2010 年

收藏品聚集地之一。它位于萨默赛特公爵府，是伦敦大学的一所独立学院。 该研究所所长是黛博拉·斯沃洛教授，她的上级是管理委员会。研究所的主席是 James Hughes-Hallett。

在一个全球认可的活动：伦敦时尚周中，英国时装协会会向国际媒体和买家展示英国最好的设计师的系列作品。除了这些平台之外，英国时装协会还在幕后为时尚产业提供了许多重要的支持。通过 BFC (British Fashion Council) 大学理事会倡议，我们将把时尚产业和英国顶尖大学的时尚界毕业生联系在一起。与此同时，由于一系列重要的赞助计划，包括 MA 奖学金（硕士奖学金）、《New Gen》《新一代》和《Fashion Forward》《时尚前沿》，我们能够为新兴的英国时装设计师提供支持，这些支持计划包括商业指导、研讨会、竞赛和赞助。

正因如此，萨默塞特公爵府成为历年来伦敦时装周的最主要场地，也成为伦敦的又一处时尚地标，频繁地举办时尚展览，展览主题涵盖时尚品牌回顾展、时装插画与摄影等领域。其中，近年来最具影响力的展览当属 2009 年与伦敦时装周同一时期举办的展览 “Show Studio：Fashion Revolution” 。

Perfume：A Sensory Journey through Contemporary Scent

再回到伦敦时，我是先闻到它的。有时我怀念这座城市的时候就会想，如果能够把它的气味记录下来，装进瓶子里，想它的时候就嗅一下，多好，再不必坐长途飞机专程回来。2017 年的夏天，萨默塞特公爵府举办了一场名为“香水：一场关于气味的旅行”（“Perfume: A sensory journey through contemporary scent”）的展览，由气味将我们带向遥远的时空，充满诗意。

我们习惯被灌输大量的视觉信息，图像与符号成为最简便的载体，直截了当，无限复制。在博物馆空间里，与嗅觉相关的信息该如何展现？作为可以在商场中可直接购买到的气味，展览又如何使这些香水变得更加有趣？

展览的第一部分简要介绍了香水的历史。Francois Coty 是一位将香水推向大众市场的奠基人，他把香水与生活方式联系起来，放在百货商场中售卖。接着，随着香水市场的发展，香水被分为了花香、东方气息、果香这三种类别，而这三种类别至今仍是香水业的主要种类。

非专业人士很难用语言来描述气味的层次。因为难以描述，气味无法与其他更加为人熟知的形象所关联，这使得气味更加转瞬即逝。我们闻到一股香味，经常会有种熟悉的感觉，却难以将它与曾经发生的场所联系起来。接下来的展厅选择了近 20 年来具有最重要意义几款的香水，让参观者先闻、纪录，接着才会揭开谜底。

展览的最后是一个气味实验室，我参观的时候，恰巧有一位来自 Hugo Boss 的香水师在做 workshop。他好酷，打扮得像一位电影里的化学博士。我凑上前，几乎忘记了展览是关于嗅觉的，我问他，可不可以帮你拍张照？

“化学博士”首先介绍道，通常人的味觉的敏锐度是嗅觉的 80%，因此，我们的嗅觉是会影响味觉的。他让大家每人往嘴巴里放进一块巧克力，然后给一片蘸了香味的试纸，问道，巧克力的味道是否发生了变化？果然，巧克力的甜味减弱了，巧克力的味道和花香的味道融为一体，感觉像是把香水吃进了嘴里。接着，我们又打着科学实验的名义吃了好多糖果和巧克力。不同食物和不同气味的混搭，真是一个很有趣的并可以无限延展的实验。

这个展览与我们生活看似遥远，却因此显得浪漫。萨默塞特公爵府的展览不

◆ 图片摄于展览现场，2017 年

论在学术意义或是行业发展上都是一流的水准，本书特地选取这一个有关气味的展览，特此强调该机构在策展主题、叙事逻辑、观众互动层面的前沿性与创新性。

Southbank Center：南岸中心

南岸中心（Southbank Center）是位于泰晤士河南岸的综合型艺术中心，其主体建筑包括音乐厅、国家剧院、电影博物馆、诗歌图书馆、海沃德美术馆（Hayward Gallery）等文化与艺术机构。同伦敦西区以精英艺术为主导的氛围不同，南岸艺术区把艺术与设计延伸到了展馆之外，他们的愿景是使艺术成为人们日常生活中的一部分，拉近艺术与大众的距离。这里成为伦敦最有活力的艺术聚集区，自由而随意，展览或活动的，酷爱冒险与创新的街头艺人，玩滑板的年轻人，涂鸦艺术家，时尚潮人聚集在此。

◆L' Origan，Coty，1905：一款充满东方气味与花香的香水

◆CK One，Calvin Klein，1994：这款香水流行度很高，平易近人，适合平日生活中使用。除此之外，它的重要意义在于这是一款质疑性别定位的香水，男人与女人可以一起使用

Hayward Gallery | 海沃德美术馆 "Move：Choreographing You"

海沃德画廊（Hayward Gallery）以已故的伦敦郡议会前领导人艾萨克·海沃德爵士（Sir Isaac Hayward）的名字命名，坐落在南岸中心一幢 1968 年的简陋建筑中，是伦敦最重要的展示当代艺术和花园家具设计的空间之一。它是 60 年代野兽派建筑的象征，由一群年轻的建筑师设计，包括 Dennis Crompton，Warren Chalk 和 Ron Herron，是这种风格中为数不多的建筑之一。

2010 年秋冬，当泰晤士河南岸的 Hayward 美

◆ Opium，Yves Saint Laurent，1977：20 世纪最具有争议的、臭名昭著的香水。充满辛辣与东方的味道，以及情欲的挑逗意味

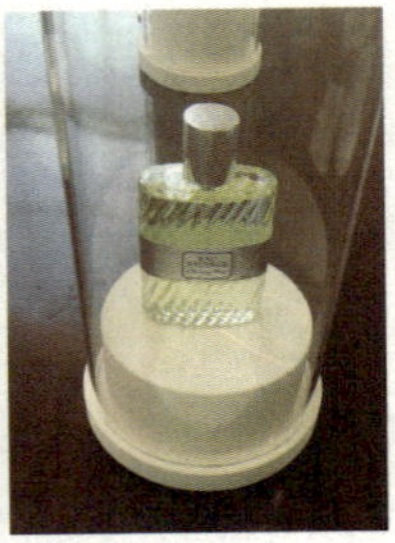

◆ Eau Sauvage，Christian Dior，1966：20 世纪初期，男人并不习惯使用香水，这是迪奥先生专为男士设计的一款古龙水，充满现代气息

◆ Shocking，Schiaparelli，1937：Schiaparelli 捕捉到了 20 世纪 30 年代的华丽，超现实主义色彩的瓶身为香水注入了一丝幽默与荒诞。图片摄于展览现场，2017 年

◆展览当天负责 workshop 的"化学博士"，2017 年 7 月

◆ 图 1–4 的装置依次为：
Mark Buxton 制作的"Comme des Garcons 2"：一款跨入新世纪的香水
Antoine Lie 制作的"Secretioins Magnifiques"：他从香水与性欲的关联转向更深层次的人类关系：母乳的味道
"Purple Rain"，2015：名字与装置均充满了热带雨林的夏日气息
"Déjà vu"：浓重的水果麝香味，鸢尾属植物的味道。这间屋子里一股木头的香味。图片摄于展览现场，2017 年

◆ 南岸中心的建筑与艺术项目，摄于 2011 年

◆ 南岸中心的空地成为艺术家涂鸦与年轻人玩滑板的乐园，据说伦敦市政府曾因玩滑板太过于吵闹而下令禁止，但少年们离开后这块空地失去了往日的活力，于是这里又恢复了游乐场的功能。图片摄于 2010 年

术馆举办“Move：Choreographing You”这个关于舞蹈的展览时，展馆成了一座成人的乐园。由视觉艺术家、舞蹈家与舞蹈编导创作的雕塑与装置直接影响了参观者的动作，将观众变成了积极的参与者，甚至可能是舞者。

进入展厅后的第一个装置代表着生命。你从只能塞进一个人的黑暗狭窄的通道走进去，第一个空间里挤满了彩色的气球，有齐腰的高度。拨开那些气球，你走进了一个透明的巨大球体。那是孕育生命的子宫。走出球体的时候，你将被厚实而绵长的彩色毛线所阻碍。费力地穿越那些毛线，你还没有回过神来，就已经走出了那个装置。这时，你觉得

◆ 伦敦南岸的涂鸦与街头艺人，摄于 2017 年

自己像是刚刚走出母亲的子宫，来到这个世界上。

接着，舞蹈家们设计了不同的装置，供参观者体验。这些有趣的装置考验着体验者身体的灵活，也让我们发现着平时不曾注意到的细节。参观者像猩猩一样攀爬着，跳跃着，充满了欢乐。情侣们在美术馆里舞动出令人战栗的光芒。

Barbican Center：巴比肯艺术中心

巴比肯艺术中心（Barbican Center）位于伦敦金融城的中心，是欧洲最大的表演艺术中心。巴比肯于1982年开放，除了举行音乐、戏剧、电影等表演艺术，该建筑群还拥有伦敦最大的公共图书馆，巴比肯美术馆及画廊。巴比肯艺术中心拥有专业的策展团队，尤其擅长当代艺术和时尚的选题。曾经轰动一时的展览"日本时尚30年"（30 Years of Janpanese Fashion）就举办于此，赢得业内高度评价。

Estorick Collection：艾斯特瑞克现代艺术美术馆

伦敦美术馆中举办的时装展大多与艺术相结合，或展示时尚向当代艺术的跨

◆ Hayward 美术馆"Move：Choreographing You"展览，2010年秋

界，或思考同样的社会问题，或探讨同样的美学思潮。也有艺术家以时装作为媒介和交流手段，探讨更深层次的社会现象。

意大利现代艺术收藏机构艾斯特瑞克（Estorick Collection of Modern Italian art）藏有 20 世纪初期最具有代表性的意大利艺术，是英国唯一一家专注于意大利现代艺术的美术馆，其最负盛名的收藏莫过于意大利未来主义作品。该机构于 2009 年举办的展览“敢于不同：米索尼工作室”（Daring to be different：Workshop Missoni）是意大利时装品牌 Missoni 的时装展览，该品牌最大的特色在于其大胆的配色和条形花纹的变化，具有强烈的视觉识别度。该品牌的时装展览与该机构永久性陈列的未来主义艺术作品相得益彰，品牌展出于与其风格相应的美术馆里，不仅毫不突兀，且能够追溯其设计的灵感来源和品牌起源地意大利，显得恰到好处。

◆Barbican Center：30 Years of Janpanese Fashion 展览，摄于展览现场，2010 年

RAA：英国皇家艺术学院

英国皇家艺术学院（The Royal Academy of Arts）是英国最古老的艺术学校，也是伦敦最权威的艺术机构之一。英国皇家艺术学院的定位类似于传统博物馆与美术馆，但具有更深层次的角色，即不光推广艺术的欣赏与理解，而且引领艺术的实践领域。在这座当代艺术大事件频繁发生的城市里，英国皇家艺术学院的展馆门前时常可看到排队的长龙，艺术家和学生们甘愿排队两个小时一睹其前沿的当代艺术展，其权威性与话题度可见一斑。2010 年这座机构举办的展览“发觉：艺术时尚身份”（GSK Contemporary－Aware：Art Fashion Identity），展示了当

◆ Barbican Center：建筑与展览，摄于 2009—2011 年

代艺术家和时装设计师的若干件作品，探讨将服饰作为交流语言并成为揭示人们有关民族性、归属感、性别、地位等社会身份的因素。展览播放了约翰·列侬的遗孀小野洋子的影片。1965 年，当代艺术家小野洋子（Yoko Ono）通过行为艺术影片 Cut Piece，请观众从她的服装上撕下碎片，艺术家通过着装被逐渐剥离，展露出暴露的身体，象征着女性对习俗束缚的突破和解放。

Johji Waves：伦敦街头巷尾的时尚展览

伦敦的时尚展览并未局限在大大小小的博物馆与美术馆内。除了艺术家聚集地与创意市集，居民和游客可以在不经意间在废弃的警察局、消防站、蓄水站、旧仓库、老旧理发店的后院发现前卫的时尚展览。在这座文化包容的城市中，时尚展览的场馆总能出其不意地带给人们惊喜。当维多利亚与阿尔伯特博物馆在举办日本服装设计大师山本耀司（Yohji Yamamoto）时装展时，将其中两个部分的

◆ Estorick Collection 美术馆与 Workshop Missoni 展览，摄于 2009 年

◆ 图片摄于 Daring to be different：Workshop Missoni 展览现场，2009 年

◆ Meschac Gaba 的作品 "Wigs Archetecture" 将各国代表性建筑做成假发的装置，以隐喻服饰与身份的关系

◆ 英国服装设计师、先锋艺术家侯赛因·查拉扬（Hussein Chalayan）擅长通过服饰探讨人的身份与归属

展览巧妙地布置在了伦敦市远离展馆的两处场所。"山本耀司：制作波浪" "Yohji Making Waves" 展览与伦敦东区一座废弃的蓄水站，这里现在是一家时髦的餐厅，餐厅内部斑驳的绿色管道上放置着用报纸做成的时装装置。穿过餐厅，来到灯光幽暗的水库，可以看到山本耀司在1998年秋冬季创作的超大型白色丝绸婚纱，婚纱在水中的倒影与婚纱实体一样清晰可见。一位幽雅的女人撑着小船，参观者还可乘船一览装置的全貌。另一处展览叫做"耀司女人" "Yohji Women"，展示了7位国际摄影师关于山本耀司女装作品的图像，展览以此命名意在体现山本耀司对于强势女人的偏爱和对传统审美的颠覆。

Art Angel：艺术天使

艺术天使（Art Angel）是为了赞助前卫的实验项目所设立的机构，它的旗下有一个展览叫做 the Museum of Non-participation，翻译成中文大致为没有参与的博物馆，主题是探讨Karachi（卡拉奇，

Helen Story 的装置艺术 "Say Goodbye" 通过展示服饰溶解与消逝的过程控诉时装的过量生产

英国首饰设计师Dai Rees 将皮革做成肉铺商店的装置，呼吁时尚的可持续发展

2010年，Hussein Chalayan 以日本文乐木偶戏为灵感创作了装置艺术 "Son of Sonzai Suru"，隐喻时尚产业对于大众的操控，时装产业通过它的表演掌控着人们对于它的真正价值的认识

巴基斯坦前首都）和伦敦之间的文化。我不大懂得巴基斯坦文化，只是作为一个身在伦敦的中国人，这种异乡人的身份使我对于展览所探讨的文化的碰触和交融有了兴趣。

展览所在的街区是伦敦著名的印巴人居住的区域，主街叫做 Bethnal Green Road。我初次来到那个区域，走出地铁便看到了印度纱丽的店铺，印巴餐馆和裹着头纱的印巴人。街道上弥漫着浓重的咖喱味道。

展馆很隐蔽。进入一家破旧的理发店，再穿过它的后院，方能看到一间不起眼的小屋。一走进屋子，策展人就递上了一杯热腾腾的茶水。这种红茶以巴基斯坦特有的茶炊烹煮而成，香气怡人，味道浓郁，配以铝制的茶杯与茶托，别有一番异域的风味。屋子很简陋，陈列一些影像和旧报纸资料。这些设备简陋陈旧得可怜，像国内 20 世纪 80 年代的小彩电。

这一途中我是有些失望的：这间一眼就能望到头的小屋怎配叫做“博物馆”呢？只是我不想枉费了这周折的路途，既来之，则安之。当我静下心来，观看陈列的影像资料，与策展人聊天，竟也逐渐融入了这里的氛围。这个展览把 Karachi 整个城市当作了一个博物馆，通过电影、声音、摄影等媒介深入探讨这

◆ 图 1–2 为山本耀司（Yohji Yamamoto）V&A 的展览海报与图片，图 3–6 为 Yohji Making Waves 展览现场与展馆用报纸做成的时装装置，摄于 2011 年

个民族的语言、文化甚至街头暴力，整个项目已经持续两年。展览没有刻意地赞美或丑化这座城市，而是客观耐心地叙述着，给人的触动真实而深刻。我不禁感慨这个苦难深重的民族，感慨他们几千年来保留着自己民族文化特色的骄傲。即使在伦敦，这个民族依然穿着自己的服饰，讲自己的语言，听自己的音乐。

沙龙结束时，策展人邀请我参加展览的闭幕庆典，主题是巴基斯坦的音乐会，叫做 Qawwali。派对从现场演出到食物、酒水甚至着装都是原汁原味的巴基斯坦当地文化，在细节之处点亮了主题，而这样的活动举办在伦敦就更显得更加有趣。

4th Plinth：特法拉广场

特法拉广场是伦敦中心的公共广场，这里常常举办政治游行和节日庆典，也是旅游观光客的一处热门景点。许多著名的政治运动，包括 19 世纪 40 年代的宪章运动、19 世纪末的劳工运动及社会民主运动都在此举行。另外，特法拉广场也是战后反核示威运动和近年来反战示威运动的起点。

“特法拉”这个名字来源于 19 世纪初英国海军战胜法国拿破仑一世的特法拉战役。在这场战役中，最为功勋显赫的当属尼尔森（Nelson）将军。广场的四周有四个底座。其中的三个底座均矗立着三位骑士的雕像，而位于西北部的第四个底座却是空置的。最初，官方计划放置威廉四世的雕像，据说因为这位国王并不受大众欢迎，因此未能筹足经费。之后的 150 多年来，这个空置的底座将要放置的艺术作品备受争议，至今仍未达成共识。1998 年起，伦敦市政府委托不同的艺术家为这个底座进行特别的创作，作品的展示时间通常为一年至两年，称做“4th Plinth”项目。伦敦市长办公室定期将邀请函发送至已有一定名望的艺术家们，其中有想法的艺术家可反馈作品的概念和预算。经过层层筛选之后，政府将为最终选中的艺术家拨发专项款，支持方案实施。

Turner Prize：泰特美术馆

获得 2010 年透纳奖提名的有四位艺术家，其中一位女艺术家 Angela de la Cruz 是一位坐在轮椅上的西班牙人，她从 1987 年开始在伦敦接受艺术教育、工作和生活。2005 年，这位年过中年的西班牙女人因为脑部中风在一夜之间瘫痪不起。转眼之间，她的身体机能回到了儿童时代。她的丈夫自始至终陪伴左右，悉心照料。2006 年，她生下了女儿。

大病之后的 De la Cruz 甚至忘记了如何讲话。她坐在轮椅上，生活不能自理。她口齿不清，与人交流颇为牵强。但她并没有停止艺术创作，反倒将事业推向了另一个高峰。她每日去工作室，在助理的帮助下创作雕塑，凭借着强大的精神世界与外界交流。

在一个展览开幕式见到她时，我蹲下身来，握住她的手。她的手像婴儿一般柔软无力。她的声音很轻柔，语速很慢，但我并没有听清楚她说了些什么，我只是看着她，微笑。我仔细地观看着 Angela Cruz 的雕塑，揣摩着她为何能够赋予一块块厚重的布料强大而震撼的视觉力量。她慈祥而满足地笑着，接受人们的祝贺。

只有在一个极度人性化的社会，像她这样的女人才不会被社会遗弃。

◆ 国家美术馆门前，特法拉广场的街头艺术，摄于 2010 年

◆ 特法拉广场的后面就是国家美术馆，对面的转角处是国家肖像美术馆。美术馆的恢弘壮观与“4th Plinth”当代艺术的诙谐幽默相映成趣，构成复杂而无尽的伦敦景象。图片摄于 2017 年

Fashion Space Gallery：伦敦时装学院

时装院校自有的展览空间以伦敦时装学院为代表。伦敦时装学院的时尚空间美术馆（Fashion Space Gallery）位于伦敦最繁华的地段牛津街，由伦敦时装学院的学者和专家筹建而成，于2010年向公众开放。这是一个当代时装及设计与艺术的展览空间，其目的在于为具有声望的艺术家和在时尚界崭露头角的新人提供一个实验性的展示平台。展览的内容涵盖LCF学者个展（Lucy Orta and Helen Storey MBE）、时尚摄影展、时尚插画展、学院收藏品群展、学生作品展。美术馆对公众免费开放，并且配有系列活动，艺术家演讲，讲座，相关表演等。

Eye See Through ：Transparency in Dress

我们穿衣服是为了遮蔽身体，还是为了更加性感、诱惑？在遮蔽和暴露之间，其实是一个充满哲学意味的话题。

这场展览是伦敦时装学院MA Fashion Curation 2009年级的课程作业，由10

◆ Hair，Fashion Space Gallery，摄于2009年秋

位班级成员 Jacob Moss，JD 等人合作完成。展览以透明面料的服装为主题，从哲学、心理动机、性别身份、社会变迁等角度探讨透明面料的服装；通过光影、装置、电影、图像等手段展现，并以多元化的媒介与观众互动，找寻展览与服装交融的多种可能性，是一个很具实验性的展览。展览的场地也很酷，我们找到了一个伦敦废弃的警察局，把装置放在了废弃的牢房里。

伦敦时装学院

伦敦时装学院，这真是一个奇妙而独

◆ Italy Fashion during facism，Fashion Space Gallery，由 MA Fashion Curation 专业负责人 Judith Clark 策展，摄于2010年春

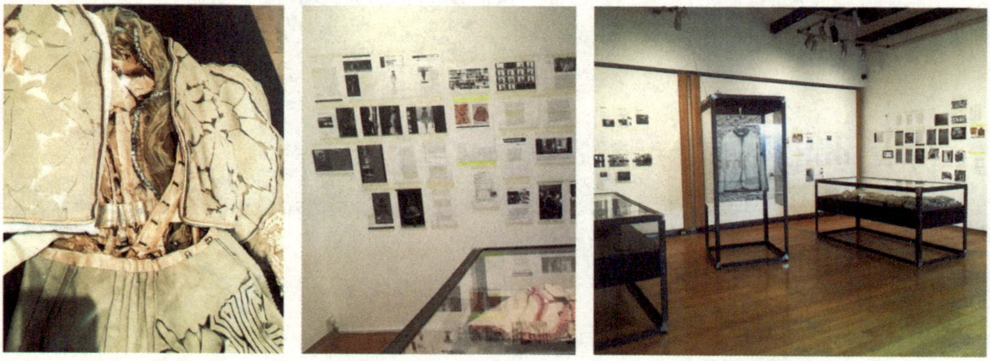

◆ Present Imperfect，Fashion Space Gallery，由 MA Fashion Curation 专业负责人 Amy de la Hay 策展，Jeffery Horsley 制作，摄于2017年7月

立的世界，乱花渐欲迷人眼。起初见识那些型男色女的穿着时，我想起了美剧《丑女贝蒂》中的各色潮人。这所学校日常发生的景象，比起伦敦时装周竟也毫不逊色。

国内的美女原本应该是各具风情的，却妥协于千篇一律的审美，仿佛只有细腰丰臀、唇红齿白才是好看，只有婀娜窈窕、楚楚可怜才惹人疼爱。时装世界的男女长相未必出挑，但各具气质，他们除了在意“美”，更加把装束看作是一件有趣的事情。这样一来，时装的功能性便降到了次要地位，它本身已成为一种性格、年代、心情、态度。

◆ 展览摄影与展览现场，2010 年春季

在这里，每个人都可以随心所欲地绽放，而我也终于可以扬眉吐气地装扮自己，想怎么穿都可以。单从这一点，我就找到了与这所学校的共鸣。谁也不用担心自己的装扮会成为“异类”，不用为了避免旁人的眼神而刻意拘束。在此，我以穿着作为人生态度的起点延伸至四面八方，言行举止亦可特立独行率性而为。在此，我的激情与性格得以释放，有种如鱼得水般的快感。

◆伦敦时装学院，摄于 2017 年夏

从未踏入主流的人，仿佛只有在海纳百川的大都市里才能找到立足之地，它能够容许你特立独行地活着，使你找到同类，给予任何主流或边缘人士一份归属感。

我就读的时装策展专业只有九个同学，却有两位导师。两位导师都是气质不凡的中年女人，气场十足，笑起来颇有感染力。茱迪（Judith Clark）建筑师出身，身材高挑，穿着设计感极强、剪裁精良的灰色调工装。艾米（Amy de la Hay）是位权威的时装史学者，曾经出版很多时装文化和理论的书籍。她身材娇小，穿着古着店里淘来的深色长裙，上面搭配有小花图案的小衫，领口和袖口隐约露出几片精致的古董蕾丝。这两位导师常常为最高端的时装品牌策展，穿着却极具个人特色，感觉不到任何品牌和潮流的痕迹。她们的衣物散发着灵魂的香味儿。

初次上课，我是欢喜并忐忑的。来到英国之前，我的雅思听力几近满分。导师口音标准，语速适中，我迅速就适应了。然而来自英国本地与欧洲的同学们却带有浓重的地方口音，我无法融入大家的讨论，一时之间无法接受。最为严重的问题不是语言本身，而是极为宽泛的文化。这些细微的点涵盖了伦敦的某个区域，布莱顿的某位歌手，英国的某位政客、某座小城，意大利某位球员的新欢与旧爱…… 我即使听得懂哪一种语言，却不知道大家究竟在聊些什么。

“一门语言就是一个世界”，伦敦则是浓缩了全世界文化的大熔炉。在这里生活过的人终将会变得宽广。

参考文献

Arnold, J A. (1973) *Handbook of Costume* (Macmillan: London)

BREWARD, C. & EVANS, C. (2005) *Fashion and Modernity*. Oxford: Berg.

BARNARD, M. (1996) *Fashion as Communication*. London: Routledge.

BARNES, R. & EICHER, J. eds. (1992) *Dress and Gender*. Oxford: Berg.

BARTHES, R. (1985) *The Fashion System*. Oxford: Berg.

Clark, J. (2004) *Spectres: When Fashion Turns Back*.V&A Publishing

CRAIK, J. (1994) *The Face of Fashion: Cultural Studies in Fashion*. London: Routledge

de la Haye, A&Dingwall, C. (1995) *Surfers, Soulies, Skinheads and Skaters: Subcultural Style at the V&A* (V&A Publications: London)

Downing, S. (2010) *Fashion at the Time of Jane Austin*. Shire Publications

Evans, C .(2003) *Fashion at the Edge* . Yale University Press

ENTWISTLE, J. (2000) *The Fashioned Body*. Cambridge: Polity.

FLUGEL, J. (1971) *The Psychology of Clothes*. London: Hogarth.

HOLLANDER, A. (1995) *Sex and Suits: The Evolution of Modern Dress*. New York: Kodansha

Harvey, D.(1998 , *The Condition of Postmodernity: An Enquiry into the Origins of Cultural Change* (Blackwell: Oxford)

Pearce, S M.(1994) *Interpreting Objects and Collections*. Routledge: London

PARKINS, W. (2002) *Fashioning the Body Politic*. Oxford: Berg.

Ribeiro，A. (1995) *The Art of Dress: Fashion in England and France 1750 to 1820.*Yale University Press

RIBEIRO, A. (2003) *Dress and Morality*. London: Batsford.

TAYLOR, L. (2002) *The Study of Dress History*. Manchester University Press.

TURNER, G. (2003) *British Cultural Studies: An Introduction. 3rd ed*. London: Routledge.

WILSON, E. (1985) *Adorned in Dreams: Fashion and Modernity*. London: Virago

WALKER, J. (1989) *Design History and the History of Design*. London: Pluto Press

Weiner, A.B. & Schneider, J. (1989) *Cloth and the Human Experience*.(Smithsonian Institute: Washington .

[英]彼得·阿克罗伊德．伦敦传．南京：译林出版社，2016

[英]艾伦·麦克法兰．现代世界的诞生．上海：上海人民出版社，2013

钱乘旦，许洁明．英国通史．上海：上海社会科学院出版社，2002

后　记

这个世界很绚烂，外面的人都想进来。它就像一颗有丽兹酒店那么大的钻石一样，让人眩晕，使人沉迷。时尚是一门语言，而一门语言就是一个世界。

曾经有一位伦敦人曾经嘲笑这里的游客："我可以理解他们给红色大巴士拍照，但是为什么一个巴士可以拍上五分钟那么久？！"

来伦敦之前，我们担心英国的"黑暗料理"，却不料这里聚集了来自全世界的顶级美食，姑娘们很难不吃胖。我们以为自己能练就地道的"伦敦腔"，却不料这里种族混杂，每个人的口音都不同，很难遇到土生土长的伦敦人。初来乍到的时候，我们曾经兴致勃勃地与并不知道是何方英雄的无数雕塑合影。我们曾把食物喂给鸽子，在伦敦待久了，便发现即使我们不去喂它，它也会主动来找寻放在室外桌子上的食物。作为旁观者路过伦敦，与沉浸其中看见的全然不是一般景象。有一天，我们在伦敦看尽了世间的繁华与丑陋，却依然对它心存感激。

我想起自己刚到伦敦时，发觉自己想穿怎样的奇装异服都可以，想怎样特立独行都可以。我说，这是伦敦独有的包容。一位曾在伦敦暂居的法国人却说，这是因为伦敦的冷漠，"Nobody gives a shit." 一语惊醒梦中人。包容与冷漠，原来是硬币的两面。摄影师连美恩曾把模特儿的头发淋湿，要求她穿着睡衣，手握一把美工刀，请化妆师为她画上巨大的伤口，赤脚走到伦敦最热闹的大笨钟下，拍下伦敦的冷漠。她说，伦敦是一个孤单的城市，因为没有人会理会你，但也因为没有人理会你，最终，你可以做一个百分之百的自己。或许也正因如此，这座城市能够拥有如此巨大的创意动能。

这是一座潮到骨子里的城市。它兼容并蓄，不论是古典优雅或张扬怪诞，都能够激发无尽的灵感与能量，生生不息，震颤灵魂。

附：大事记

- 1652 年　咖啡馆涌现
- 1707　英格兰与苏格兰合并为大不列颠联合王国
- 1715　马尔叛乱
- 1771　巴斯新集会厅开放
- 1756–1763　七年战争
- 1759　成立大英博物馆
- 1775–1783　美国独立战争
- 1792–1802　法国大革命
- 1798　爱尔兰叛乱
- 1884　马莎百货从丽兹市场的货摊起家
- 1888　开膛手杰克在白教堂附近出没
- 1897　出现公共汽车
- 1901　伦敦人口达 660 万
- 1909　塞尔福里奇百货公司开业
- 1951　不列颠节在南岸举办
- 1954　沙宣在伦敦的发廊开张
- 1952　伦敦雾霾
- 1955　希思罗机场开始运营 Mary Quant 在伦敦 King’s Road 开设了第一家店铺，叫做 Bazaar.
- 1963　沙宣为 Mary Quant 设计波波头；同年 Mary Quant 成为首位获得英国年度时尚大奖设计师。
- 1966　Twiggy 成为 “1966 年的面孔（The Face of 1966）”
- 1969　Bowie 发行 Space Oddity 专辑
- 1996　Alexander McQueen 到 Givenchy 任职 Stella McCartney 到 Chloe 任职
- 1997　John Galliano 执掌 Dior Diana 王妃去世 David Bowie 发布 Earthling 专辑，封面身穿着 Alexander McQueen 设计的 “英联邦” 米字长外套
- 2000　Alexander McQueen 被 Gucci 收购
- 2009　英国国家肖像美术馆举办摄影展 Twiggy: A Life in Photographs 与 Beatles to Bowie, the 60s Exposed；Tate Modern 举办波谱艺术大型展览 “Pop Life”
- 2010　Alexander McQueen 自杀
- 2011　John Galliano 离职 Dior27 岁的 Amy Winehouse 离世 大都会艺术博物馆举办 “Alexander McQueen：Savage Beauty” 展览 Kate Moss 参演纪录片《McQueen and I》
- 2016　设计博物馆搬迁至肯辛顿区

1801 组成大不列颠及爱尔兰联合王国

1803—1815 拿破仑战争

1824 成立国家美术馆

1825 摄政街建成

1836 伦敦大学成立

1849 哈洛德杂货铺搬迁至骑士桥

1851 世界博览会开幕 雅格狮丹创办

1857 颁布离婚法

1875 利伯提商场创建

1878 出现电气照明

1882 出现有轨电车

1883 哈洛德于大火后开始重建

1970 Vivienne Westwood 在伦敦 King' s Road 建立 "World' s End" 商店披头士乐队解散

1972 David Bowie 发行 Ziggy Stardust 专辑

1973 Biba 工厂店在伦敦 Kensington High Street 开张 David Bowie 发行 Aladdin Sane 专辑

1976 性手枪乐队的演出使 Punk 运动在伦敦展开

1977 性手枪乐队发布 Never Mind the Bollocks, Here's the Sex Pistols 专辑

1979 音乐电影《四重人格》的上映带来了 Mod 的复兴

1980 约翰·列侬被枪杀

1981 Vivienne Westwood 伦敦首秀 Diana 王妃婚礼

1982 Vivienne Westwood 巴黎首秀 Nostalgia of Mud 系列 David Bowie 发行 Scary Monsters 专辑

1987 John Galliano 获英国最佳年度服饰

1990 英法海底隧道开通，这是第一条连接英国和欧洲大陆的陆上通道

1991 Damien Hirst 获得 Turner Prize

1992 Vivienne Westwood 被伊丽莎白女王授予 OBE 骑士勋章

1995 Alexander McQueen 发布 "但丁" 系列 John Galliano 到 Givenchy 任职